数が苦手な子のための
計算支援ワーク 4

買い物計算ができる
応用トレーニング編

大江浩光 著

巻　頭　言
―どの子も伸びる　主体的・対話的で深い学びの実現―

「菊地道場」道場長　菊池　省三

　本シリーズは，多様な子どもの学びを引き出す算数科指導のヒントが，具体的に示されている画期的なシリーズである。大江氏は，既存の特別支援教育における指導法を20年以上の実践から丁寧に見直し，子どもたちが将来，自分の居場所をつくっていける教育のあり方を自分たち教師に示している。

　平成28年の秋，大江氏から本シリーズに対して「解説を書いてもらえないだろうか」と連絡があった。数日後，大江氏から，シリーズの分厚い本が届いた。すぐに開封して読むとともに，大江氏から直接話を聞いた。私は，「この本は，特別支援教育の現場で結果が出せる素晴らしい本である」と痛感し，本書の解説執筆を快諾した。

　本シリーズに関する率直な感想は，下記の7点である。

---

①結果が出る本である。また実際，結果を出している。
②多様な指導法やプリント集，アプリの活用法を紹介している。
③詳細な指導カリキュラムをつくっているので，系統的に取り組める。
④特別支援教育の算数科において，何をどのように教えるべきかを明確に掲載している。
⑤教科書に沿っている。
⑥主体的・対話的で深い学びの視点に立った指導がされている。
⑦家庭と連携して取り組める。

　学校現場はもちろん，保護者の方々にも，ぜひ活用していただきたいシリーズである。

まえがき

　特別支援教育における算数科の指導では，自立し，社会参加するための計算力を身につける必要があります。その一つが，「買い物計算」です。本書で身につく「買い物計算」とは，商品の代金に対して，正しく硬貨や紙幣を選択したり，指を使わず暗算で商品の値段を合計したり，どれくらいのお金を財布から出せばよいか，どれくらいのおつりがあるかを予想したりすることです。安易に電子計算機に頼るのではなく，できる限り暗算で計算ができるようになるための手立てをとることが，生きて働く力をつけることにつながります。本書を含めたシリーズを用いて指導することで，教育的配慮が必要な子どもも日常生活に必要な計算力を獲得することができるようになります。

　本書はシリーズ（「数に慣れる基礎トレーニング編」，「数を使いこなす上達トレーニング編」，「計算力を高める発展トレーニング編」，「買い物計算ができる応用トレーニング編」）でお使いいただくことで，より学習効果が期待できます。

結果につながる5つのポイント

ポイント1
買い物をする際の多様な支払い方（「支払い算」）を身につけることができる

　「支払い算」とは，買い物で支払いをする際のお金の出し方です。ちょうどのときの支払い方やおつりがあるときの支払い方などがわかれば，買い物がスムーズにできます。

ポイント2
「本能式ねだん合計法」と「本能式ねだん合計法プリント」で暗算に慣れる

　「本能式ねだん合計法」とは，大きな位からたし算をする方法で，できる限り思考回数を少なくした計算方法です。私たちが日常生活で自然と行っている計算方法です。いわゆる暗算です。暗算の学習を丁寧に計画的，系統的に指導する方法を掲載しています。

ポイント3
「本能式おつり計算法」と「本能式おつり計算法プリント」で暗算に慣れる

　「本能式おつり計算法」を用いると，おつりを簡単に導くことができます。

> **ポイント４**
> 買い物が疑似体験できる「買い物シミュレーションプリント」の掲載

「買い物シミュレーションプリント」では，「支払い算」や「本能式ねだん合計法」，「本能式おつり計算法」を活用することにより，実際の買い物場面に役立つ計算力が身につくようになります。（個人差はあります。）

> **ポイント５**
> 詳細な「学習指導計画・チェックリスト」

系統的・計画的に学習・チェックできるように，巻末には詳細な「学習指導計画・チェックリスト」を掲載しています。

大江　浩光

【お願い・注意】
・本書は，子どもの実態に応じ，補助資料として内容を取捨選択してご活用ください。
・子どもへ指導する際のコピー配布は OK です。子どもの実態に応じて，適宜拡大コピーをしてご使用ください。指導者間で本書をコピーしたり，書籍・雑誌等に無断転載することは，著作権に触れますので，おやめください。

もくじ

巻頭言 ―どの子も伸びる　主体的・対話的で深い学びの実現―　菊池省三　2
まえがき　3

第1章　「主体的・対話的で深い学び」の視点に立った計算指導

1　「主体的・対話的で深い学び」の視点に立った指導……………………8
2　計算指導の単元のポイント……………………9

第2章　「支払い算」で買い物計算にチャレンジ

1　「支払い算」とは……………………12
2　「支払い算」に入る前に習得しておくべきこと……………………12
3　「支払い算」の展開……………………12
　　ワーク　支払い算プリント〔おつりなし〕／指導者用作成枠……………………14
　　　　　　支払い算プリント〔おつりあり〕／指導者用作成枠……………………20

第3章　「本能式ねだん合計法」で買い物計算にチャレンジ

1　「本能式ねだん合計法」とは……………………28
2　「本能式ねだん合計法」の有効性……………………29
3　「本能式ねだん合計法」の展開……………………30
　【くり上がりなし】
　　ワーク　本能式ねだん合計法プリント……………………31

【くり上がりあり】

✎ ワーク　本能式ねだん合計法プリント ································ 49

第4章　「本能式おつり計算法」で買い物計算にチャレンジ

1　「本能式おつり計算法」とは ···································· 64

2　つぶやきながら答えを導き出す方法 ···························· 64

3　計算パターンによる決まった数字で答えを導き出す方法 ········ 64

【くり下がりなし】

✎ ワーク　本能式おつり計算法プリント ································ 67

【くり下がりあり】

✎ ワーク　本能式おつり計算法プリント ································ 74

【お金からひく】

✎ ワーク　本能式おつり計算法プリント ································ 80

第5章　やってみよう！買い物シミュレーション学習

1　「買い物シミュレーション学習」とは ···························· 92

2　買い物シミュレーションプリントの使用方法 ··················· 92

✎ ワーク　買い物シミュレーションプリント／問題作成枠 ·········· 94

解答　102

付録　学習指導計画・チェックリスト　109

あとがき　111

6

第1章

「主体的・対話的で深い学び」の視点に立った計算指導

「主体的・対話的で深い学び」の視点に立った指導

　平成28年12月21日に公表された「幼稚園，小学校，中学校，高等学校及び特別支援学校の学習指導要領等の改善及び必要な方策等について（答申）」には，「主体的・対話的で深い学び」について次のように記されています。

① 「主体的な学び」について

　学ぶことに興味や関心をもち，自己のキャリア形成の方向性と関連付けながら，見通しを持って粘り強く取り組み，自己の学習を振り返って次につなげる「主体的な学び」が実現できているか。

② 「対話的な学び」について

　子供同士の協働，教職員や地域の人との対話，先哲の考え方を手掛かりに考えること等を通じ，自己の考えを広げ深める「対話的な学び」が実現できているか。

③ 「深い学び」について

　習得・活用・探究という学びの過程の中で，各教科の特質に応じた「見方・考え方」を働かせながら，知識を相互に関連付けてより深く理解したり，情報を精査して考えを形成したり，問題を見いだして解決策を考えたり，思いや考えを基に創造したりすることに向かう「深い学び」が実現できているか。

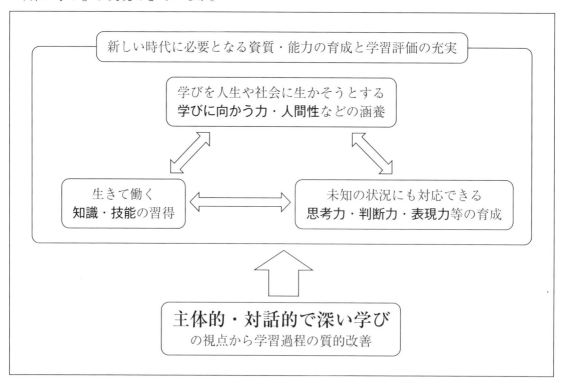

④特別支援教育における「主体的・対話的で深い学び」とは

「主体的な学び」……子供の学びに対する意欲を刺激するため,何を目的として学習をするかを明確にします。その目的達成のために,詳細なステップと個に応じた多様な指導法を用いることにより,「やるぞ」「できた」という意欲化と達成感が生まれ,それらが主体的な学びへとつながります。

「対話的な学び」……個々の実態に応じた教材を通して,子供同士や教師とのコミュニケーションを図ることにより,新たな考えに気づいたり,自分の考えを妥当なものにしたりすることが対話的な学びへとつながります。

「深い学び」…………単に知識や技能を習得するだけでなく,「社会における自立」へとつながるための知識や技能を取捨選択し,習得することが深い学びへとつながります。

2 計算指導の単元のポイント

　子どもたちが自立し,社会参加するためには,暗算で買い物計算ができることがポイントになります。そのために,主に教科書(学校図書版教科書の場合)の以下の単元に重点をおいた指導計画で学習を進めます。

〈1年生の算数単元〉　　　　〈2年生の算数単元〉
「10までのかず」　　　　　「1000までの数」
「いくつといくつ」　　　　「たし算のひっ算」
「たしざん(1)」　　　　　　「ひき算のひっ算」
「ひきざん(1)」
「10よりおおきいかず」　　〈3年生の算数単元〉
「たしざん(2)」　　　　　　「たし算とひき算」
「ひきざん(2)」
「20よりおおきいかず」

　これらの単元を学習した後,「買い物計算に必要な計算法・学習プリント」(「支払い算プリント」,「本能式ねだん合計法プリント」,「本能式おつり計算法プリント」)と「買い物シミュレーション」に取り組むことにより,実践の場で,暗算で買い物計算ができる可能性を高めます。(他の単元を行わないというわけではありません。主に上記の12単元を学習した後,残りの単元を学習したり,並行して行ったりします。)

第2章

「支払い算」で買い物計算にチャレンジ

「支払い算」とは

「支払い算」とは，買い物を行った際，買った商品の代金に対して，サイフからどの硬貨や紙幣を選択すればよいかを予想し，硬貨や紙幣を選択した上で，多様な支払い方法を用いて行うものです。

「支払い算」では，おつりを予想できるに越したことはありませんが，この段階では，支払いができることが最大の目的です。（おつりに関する学習は，「本能式おつり計算法」(64ページ) で学びます。）

例えば，100円硬貨1枚と500円硬貨1枚，1000円札1枚を所持しているとします。その際，90円の商品を購入した場合，100硬貨1枚でも，500円硬貨1枚でも，1000円札1枚でも買い物はできます。どの選択肢を選ぶことが理想的かを考えさせながら行うことも後々の段階では必要ですが，理想的な選択肢を選ぶことが困難な場合でも，その子のできる範囲内の選択肢を選ばせるよう指示することが大切です。

なお，支払い算にはあたりませんが，実際の場においてはどうしても支払い算ができない場合は，お店の人を信頼し，財布の中身を見せて，そこからお金を取ってもらうことも一つの方法です。しかし，社会で自立し，犯罪などに巻き込まれないためにも，できる限り支払い算を身につける必要があるでしょう。

「支払い算」に入る前に習得しておくべきこと

「1000までの数」に関しては，本シリーズ「計算力を高める発展トレーニング編」に掲載している多様なプリント学習を行うことが大切です。

「支払い算」の展開

まずは，支払い金額に対して，ちょうどのお金（硬貨や紙幣）を選択する力を身につけさせることが大切です。次に，ちょうどのお金がないときには，どの硬貨や紙幣を選択すれば，おつりが少なくてすむのか，支払う硬貨や紙幣が少なくてすむのかを考えて，選択する力を身につけることが大切です。

支払い算に関しては，次のような多様な支払い方があります。

例えば，右のように1000紙幣が1枚，500円硬貨1枚，100円硬貨2枚，50円硬貨1枚，10円硬貨2枚，5円硬貨1枚，1円硬貨2枚が財布に入っているとします。

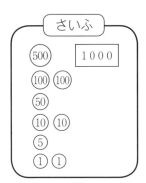

①ちょうどの金額を出す支払い方法

（例）120円の商品を買ったとき

〔支払い算〕

100円硬貨1枚と10円硬貨2枚を出します。

②おつりが少ない金額を出す支払い方法

（例）198円の商品を買ったとき

〔支払い算〕

100円硬貨2枚を出します。

③おつりの多少を気にしないで，金額を出す支払い方法

（例）148円の商品を買ったとき

〔支払い算〕

　(A) 100円硬貨1枚と50円硬貨1枚を出す。

　(B) 100円硬貨を2枚出す。

　(C) 500円硬貨を1枚出す。

　(D) 1000円紙幣を1枚出す。

※以上の4種類の方法で支払いはできますが，一番おつりが少なくてすむ(A)の選択ができるようにする力を身につけることが大切です。

④財布の中の紙幣や硬貨の枚数を減らす支払い方法

（例）907円の商品を買ったとき

〔支払い算〕

1000紙幣1枚と5円硬貨1枚と1円硬貨2枚を出す。

※この支払い算は，かなりハイレベルですが，可能ならば身につけさせたいです。

ワーク　支払い算プリント〔おつりなし〕

なまえ

　どの　おかねを　えらんで　さいふから　だせば　おつりが　なく　かえるでしょうか。えらんだ　おかねを　○で　かこみましょう。

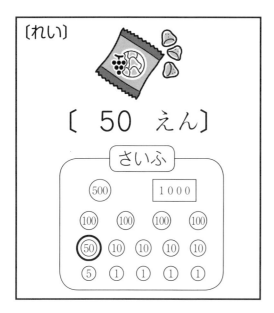

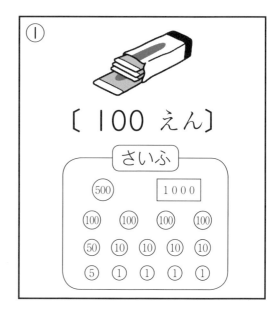

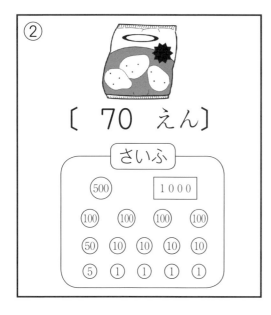

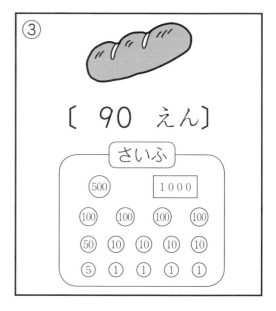

 **支払い算プリント〔おつりなし〕**

なまえ	

　どの おかねを えらんで さいふから だせば おつりが なく かえるでしょうか。えらんだ おかねを ○で かこみましょう。

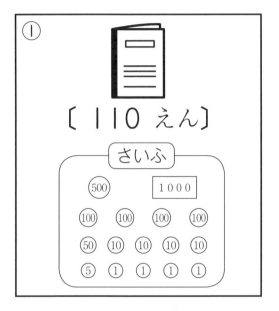

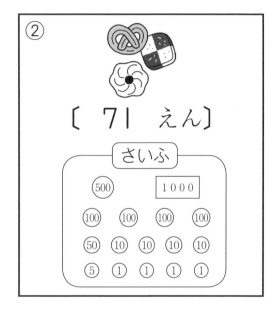

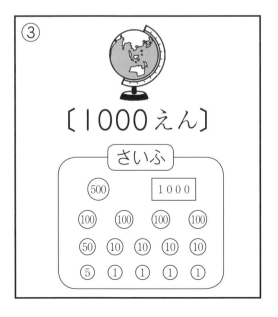

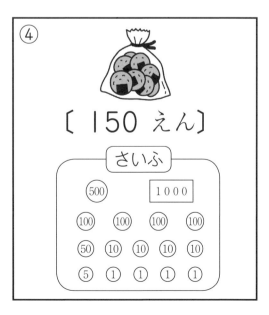

ワーク　支払い算プリント〔おつりなし〕

なまえ	

　どの　おかねを　えらんで　さいふから　だせば　おつりが　なく
かえるでしょうか。えらんだ　おかねを　○で　かこみましょう。

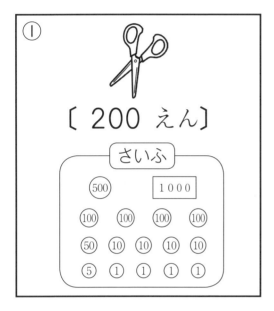

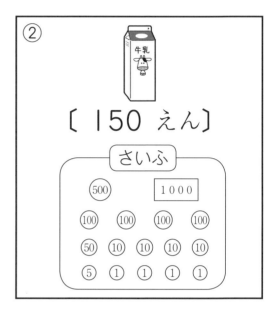

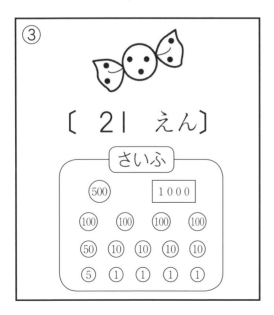

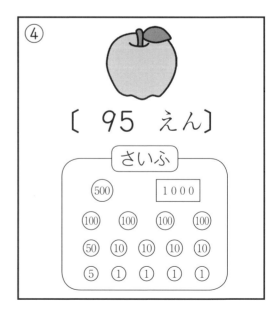

 **支払い算プリント〔おつりなし〕**

なまえ	

どの おかねを えらんで さいふから だせば おつりが なく かえるでしょうか。えらんだ おかねを ○で かこみましょう。

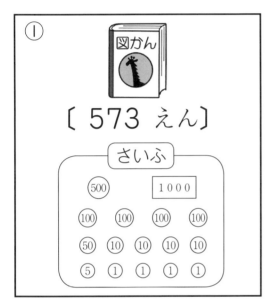

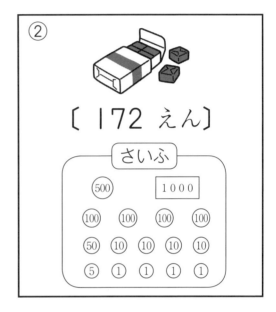

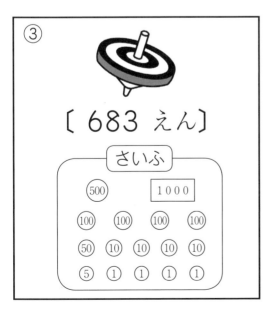

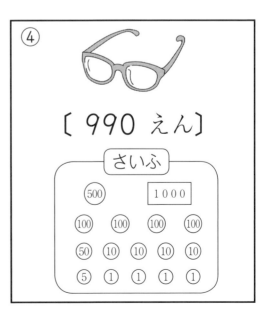

支払い算プリント〔おつりなし〕

なまえ

どの おかねを えらんで さいふから だせば おつりが なく かえるでしょうか。えらんだ おかねを ○で かこみましょう。

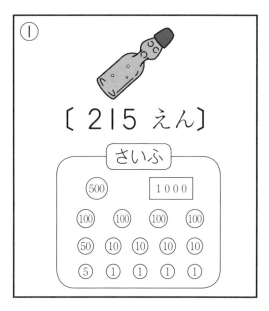

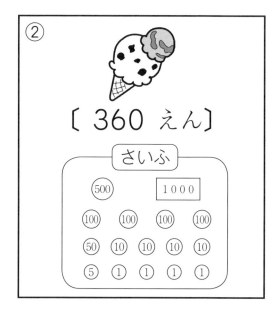

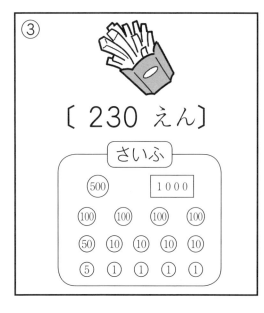

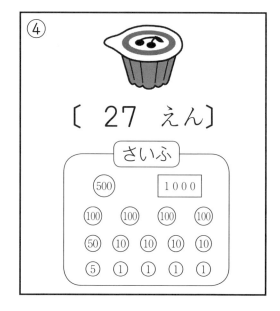

※指導者が金額を記入し，ご活用ください。

 **ワーク　支払い算プリント〔おつりなし〕（指導者用作成枠）**

なまえ	

　どの　おかねを　えらんで　さいふから　だせば　おつりが　なく
かえるでしょうか。えらんだ　おかねを　○で　かこみましょう。

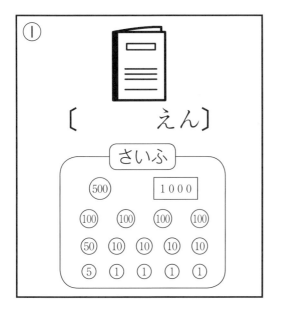

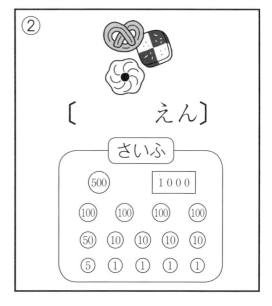

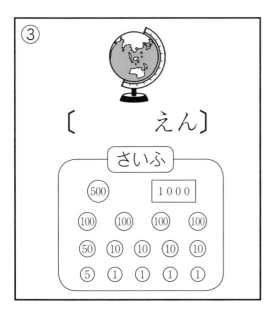

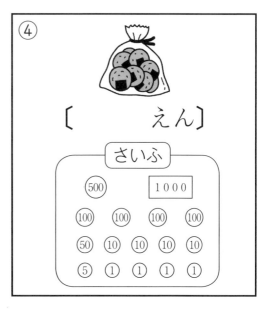

ワーク 支払い算プリント〔おつりあり〕

なまえ

　どの おかねを えらんで さいふから だせば かえるでしょうか。できるかぎり おつりが すくなく なるように かんがえて えらんだ おかねを ○で かこみましょう。

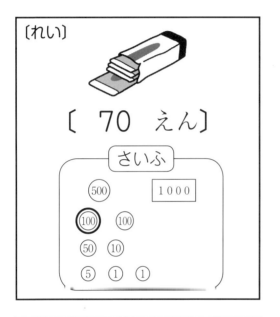

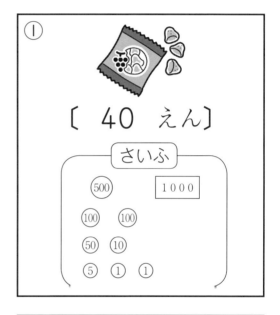

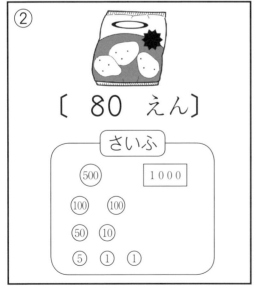

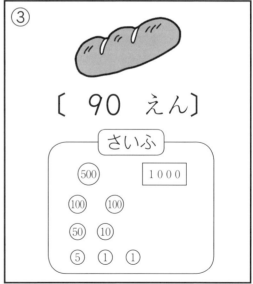

ワーク 支払い算プリント〔おつりあり〕

なまえ

　どの おかねを えらんで さいふから だせば かえるでしょうか。できるかぎり おつりが すくなく なるように かんがえて えらんだ おかねを ○で かこみましょう。

①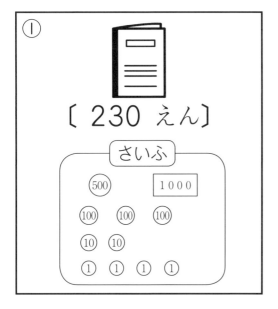
〔230 えん〕

②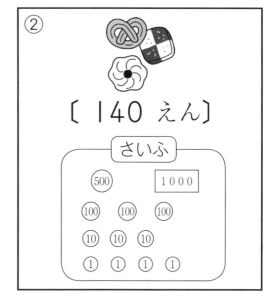
〔140 えん〕

③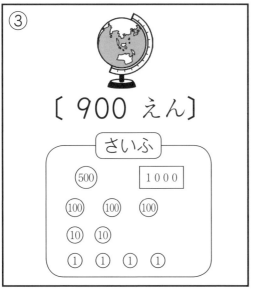
〔900 えん〕

④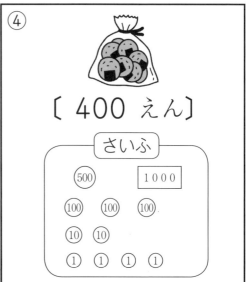
〔400 えん〕

支払い算プリント〔おつりあり〕

なまえ	

　どの おかねを えらんで さいふから だせば かえるでしょうか。できるかぎり おつりが すくなく なるように かんがえて えらんだ おかねを ○で かこみましょう。

①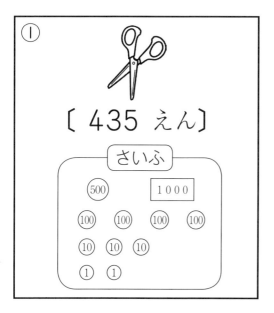

〔435 えん〕

②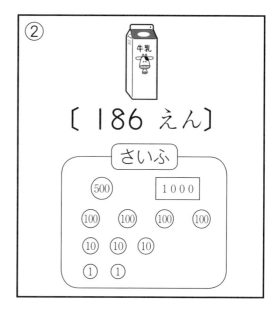

〔186 えん〕

③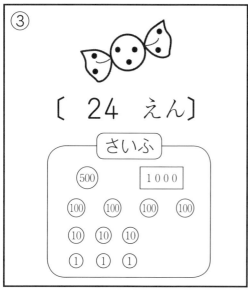

〔24 えん〕

④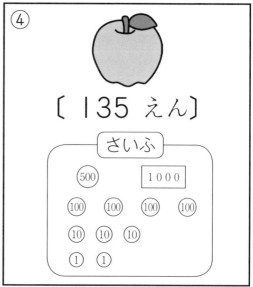

〔135 えん〕

ワーク　支払い算プリント〔おつりあり〕

なまえ

どの おかねを えらんで さいふから だせば かえるでしょうか。
できるかぎり おつりが すくなく なるように かんがえて えらんだ
おかねを ○で かこみましょう。

①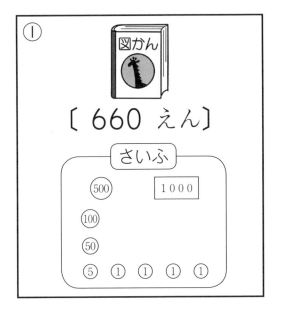

②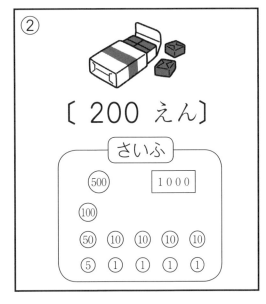

③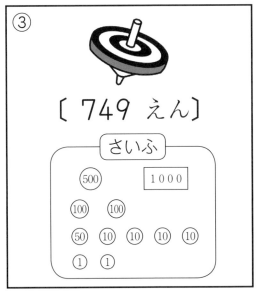

④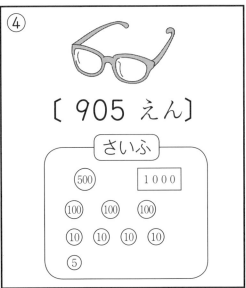

支払い算プリント〔おつりあり〕

なまえ	

　どの おかねを えらんで さいふから だせば かえるでしょうか。できるかぎり おつりが すくなく なるように かんがえて えらんだ おかねを ○で かこみましょう。

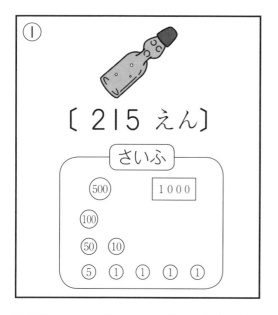

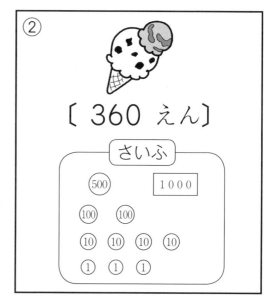

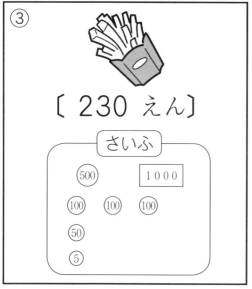

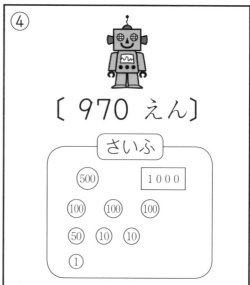

※指導者が金額を記入し，ご活用ください。

 **ワーク　支払い算プリント〔おつりあり〕（指導者用作成枠）**

なまえ	

　どの　おかねを　えらんで　さいふから　だせば　かえるでしょうか。
できるかぎり　おつりが　すくなく　なるように　かんがえて　えらんだ
おかねを　○で　かこみましょう。

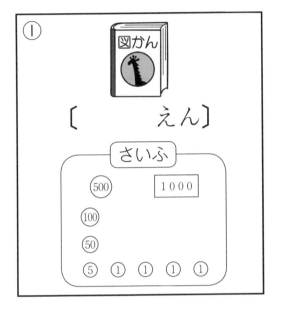

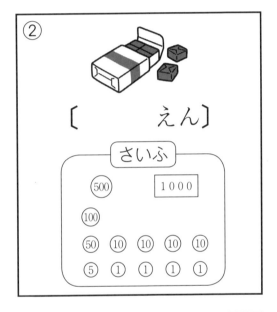

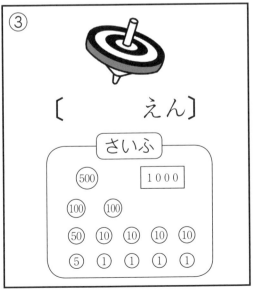

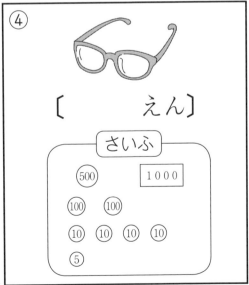

第3章

「本能式ねだん合計法」で買い物計算にチャレンジ

「本能式ねだん合計法」とは

「本能式ねだん合計法」とは，大きな位からたし算を行う方法，いわゆる暗算です。

筆算のたし算をする際，一の位から計算を行います。しかし，私たちは日常生活で買い物をする際，大きな位から計算をしているのではないでしょうか。

158円と327円の品物を買ったときの値段の合計を求める計算方法としては，次の2通りの計算方法が考えられます。

①通常の筆算
　ア　一の位は，8＋7＝15，十の位に1くり上がる。
　イ　十の位は，1＋5＋2＝8
　ウ　百の位は，1＋3＝4

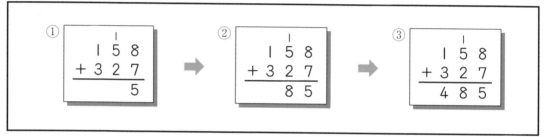

②本能式ねだん合計法（暗算）
　ア　一番大きな位（百の位）から計算を行う。
　　（頭の中で100＋300を行い，「よんひゃく」とつぶやきます。）
　イ　次の大きな位（十の位）の計算を行う。
　　（「よんひゃく」とつぶやきながら，50＋20を行い，「よんひゃく〜ななじゅう」と，さらにつぶやきを連続させます。）
　ウ　最後に一番小さな位（一の位）の計算を行う。
　　（「よんひゃく〜ななじゅう」とつぶやきながら，8＋7の計算を暗算で15と出し，十の位に1くり上がるので，「よんひゃく〜はちじゅう〜ご」と，つぶやきが連続するように答えを導き出します。）

2 「本能式ねだん合計法」の有効性

　「本能式ねだん合計法」には，筆算が定着していない場合は混乱する可能性があるというデメリットもあるものの，比較的簡単に答えを導き出すことができるという大きなメリットがあります。

　知能検査の中には，「順唱」や「逆唱」が含まれているものがあります。「順唱」とは，言った数字をそのままオウム返しで言う方法です。（例えば「5231→5231」と言います。）「逆唱」とは，言った数字を逆から言う方法です。（例えば「5231→1325」と言います。）難易度は当然，「順唱」より「逆唱」のほうが高くなります。

　通常の筆算は，一の位からたすのが鉄則です。この計算方法は，紙面上でするには，正確で有効性が高く，間違いのない計算方法です。しかし，買い物計算の視点，すなわち暗算での計算方法で考えると，計算途中で「逆唱」を用いる場面があるため，少し難しくなってしまうのです。

　523円の品物と324円の品物の代金の合計場面で考えてみましょう。523＋324を行った場合，一般的なたし算の計算方法を用いて暗算で計算を行った場合，一の位，十の位，百の位の順に答えを出しますから，「3＋4＝7，2＋2＝4，5＋3＝8」と計算し，出た答えを逆唱しなければなりません。この場合だと，一の位から導いた答え（748）の後，逆唱を行わなければなりません（748→847）。

```
523 + 324 =
・3 + 4 = 7
・2 + 2 = 4
・5 + 3 = 8
748 →  ？？？
       （逆唱）
```

　計算途中で難易度の高い「逆唱」をすることになるので，日常の買い物計算（暗算）の視点に立って考えると，難しい計算法と言えるでしょう。

　一方，「本能式ねだん合計法」は，「順唱」と同じく，大きな位からたし算を行う方法です。

　523＋324を行った場合，口でつぶやきながら「はっぴゃく（5＋3），よんじゅう（2＋2），なな（3＋4）」と簡単に暗算で導くことができます。

```
523 + 324 =
・5 + 3 = 8（はっぴゃく）
・2 + 2 = 4（よんじゅう）
・3 + 4 = 7（なな）
こたえは「847」だ。
```

　くり上がりがある計算でも，同じ方法で答えを導くことができます。詳しくは次ページをご覧ください。

3 「本能式ねだん合計法」の展開

〈例題1〉24＋12（くり上がりがない場合）

①大きな位（十の位）から計算を行う。
（頭中で20＋10で「さんじゅう」とつぶやきます。）

②次の小さい位（一の位）のたし算を行う。
（「さんじゅう」と言いながら，4＋2の計算を暗算で6と出しながら，「さんじゅう〜ろく」とつぶやくように答えを出します。）

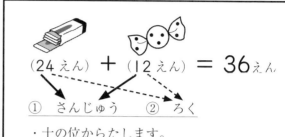

・十の位からたします。
・次に，一の位をたします。

本能式ねだん合計法では，このように2回の計算の過程でできます。

〈例題2〉358＋217（くり上がりがある場合）

①大きな位（百の位）から計算を行う。
（頭の中で300＋200で「ごひゃく」とつぶやきます。）

②次の小さい位（十の位）のたし算を行う。
（「ごひゃく」とつぶやきながら，50＋10の答えの「ろくじゅう」をつなげます。つまり「ごひゃく〜ろくじゅう」という感覚です。）

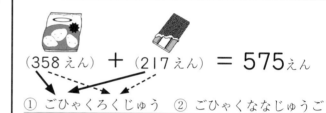

・百の位からたします。
・次に十の位をたします。
・最後に一の位をたします。

③一番小さい位（一の位）のたし算を行う。
（「ごひゃくろくじゅう」とつぶやきながら，8＋7の計算を暗算すると15なので，十の位を1増やして，「ごひゃくななじゅうご」とつぶやくように答えを出します。）

> **ポイント**
>
> 　学校で習うたし算の方法「一の位からたす」を習得させてから，本能式ねだん合計法でもできることを教えることが大切です。そうすると，子どもたちは混乱しません。
> 　また，社会で自立していくためには，買い物計算ができることが大切です。買い物計算をする際には，実態に応じて計算方法を選択してください。

 **本能式ねだん合計法プリント〔お金つき〕**
（2けた+1けた／くり上がりなし）

	なまえ	

　ゆびを　つかったり，かみに　かいて　けいさんしたり　しないで，あたまの　なかで，けいさんを　しましょう。

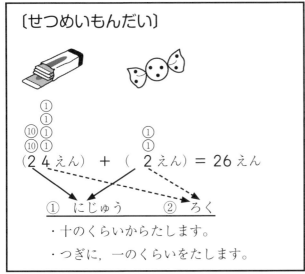

①

（３５えん）　＋　（　２えん）＝　　　　えん

②

（６４えん）　＋　（　３えん）＝　　　　えん

③ 15 + 2 =

④ 36 + 3 =

⑤ 41 + 8 =

⑥ 67 + 1 =

⑦ 21 + 4 =

⑧ 80 + 7 =

⑨ 72 + 2 =

 **本能式ねだん合計法プリント**

（2けた＋1けた／くり上がりなし）

なまえ	

　ゆびを つかったり，かみに かいて けいさんしたり しないで，あたまの なかで，けいさんを しましょう。

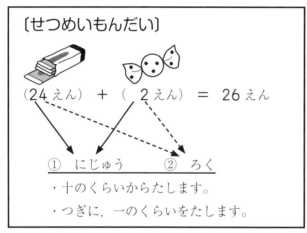

〔せつめいもんだい〕

（24 えん）＋（ 2 えん）＝ 26 えん

① にじゅう　② ろく

・十のくらいからたします。
・つぎに，一のくらいをたします。

①
（35 えん）＋（ 2 えん）＝　　えん

②
（72 えん）＋（ 4 えん）＝　　えん

③
（64 えん）＋（ 3 えん）＝　　えん

④
（41 えん）＋（ 7 えん）＝　　えん

⑤ 15 ＋ 2 ＝
⑥ 47 ＋ 1 ＝
⑦ 54 ＋ 2 ＝
⑧ 75 ＋ 3 ＝
⑨ 62 ＋ 4 ＝
⑩ 88 ＋ 1 ＝
⑪ 45 ＋ 3 ＝
⑫ 81 ＋ 7 ＝
⑬ 56 ＋ 2 ＝
⑭ 43 ＋ 3 ＝
⑮ 12 ＋ 6 ＝
⑯ 42 ＋ 4 ＝
⑰ 95 ＋ 4 ＝
⑱ 21 ＋ 6 ＝
⑲ 62 ＋ 7 ＝
⑳ 81 ＋ 4 ＝
㉑ 43 ＋ 6 ＝

 **本能式ねだん合計法プリント〔お金つき〕**
(1けた＋2けた／くり上がりなし)

なまえ	

　ゆびを　つかったり，かみに　かいて　けいさんしたり　しないで，あたまの　なかで，けいさんを　しましょう。

〔せつめいもんだい〕

(7 えん) ＋ (51 えん) ＝ 58 えん
　　　　① ごじゅう　② はち

・十のくらいからたします。
・つぎに，一のくらいをたします。

〈ポイント〉
7＋51　→　51＋7
・51＋7におきかえてけいさんしてもいいです。
　(2けたのかずを，まえにもってきます。)
・あとのけいさんじゅんじょは，うえとおなじです。

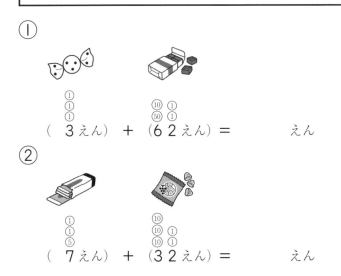

① (3 えん) ＋ (62 えん) ＝ 　　えん

② (7 えん) ＋ (32 えん) ＝ 　　えん

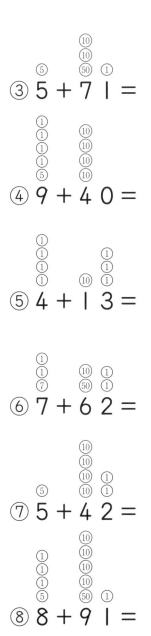

③ 5＋71＝

④ 9＋40＝

⑤ 4＋13＝

⑥ 7＋62＝

⑦ 5＋42＝

⑧ 8＋91＝

 **本能式ねだん合計法プリント**

（1けた＋2けた／くり上がりなし）

なまえ	

　ゆびを つかったり，かみに かいて けいさんしたり しないで，あたまの なかで，けいさんを しましょう。

〔せつめいもんだい〕

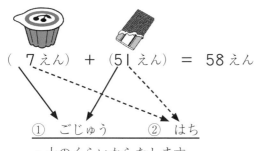

(7 えん) ＋ (51 えん) ＝ 58 えん

① ごじゅう　② はち

・十のくらいからたします。
・つぎに，一のくらいをたします。

〈ポイント〉

7＋51　→　51＋7

・51＋7におきかえてけいさんしてもいいです。
（2けたのかずを，まえにもってきます。）
・あとのけいさんじゅんじょは，うえとおなじです。

①
(5 えん) ＋ (73 えん) ＝　　　えん

②
(4 えん) ＋ (63 えん) ＝　　　えん

③
(6 えん) ＋ (23 えん) ＝　　　えん

④ 2 ＋ 36 ＝
⑤ 1 ＋ 45 ＝
⑥ 4 ＋ 12 ＝
⑦ 7 ＋ 32 ＝
⑧ 6 ＋ 42 ＝
⑨ 8 ＋ 11 ＝
⑩ 5 ＋ 32 ＝
⑪ 3 ＋ 74 ＝
⑫ 6 ＋ 23 ＝
⑬ 4 ＋ 31 ＝
⑭ 2 ＋ 65 ＝
⑮ 1 ＋ 43 ＝
⑯ 8 ＋ 41 ＝
⑰ 7 ＋ 62 ＝
⑱ 6 ＋ 72 ＝
⑲ 8 ＋ 21 ＝
⑳ 3 ＋ 93 ＝

ワーク 本能式ねだん合計法プリント〔お金つき〕
（10のたば＋10のたば／くり上がりなし）

なまえ	

ゆびを つかったり，かみに かいて けいさんしたり しないで，あたまの なかで，けいさんを しましょう。

〔せつめいもんだい〕

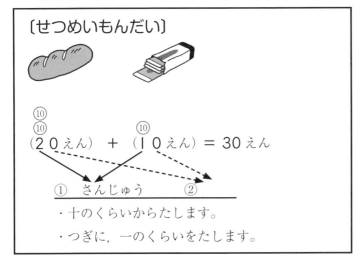

・十のくらいからたします。
・つぎに，一のくらいをたします。

①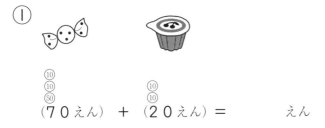

⑩
⑩
㊿
（７０えん） ＋ ⑩⑩（２０えん） ＝ 　　　えん

②
⑩
⑩
⑩
⑩
（４０えん） ＋ ㊿（５０えん） ＝ 　　　えん

③ ⑩⑩ ⑩　２０＋１０＝

④ ⑩⑩⑩ ㊿　３０＋５０＝

⑤ ⑩⑩⑩⑩ ⑩⑩⑩　４０＋３０＝

⑥ ㊿ ⑩⑩⑩⑩　５０＋４０＝

⑦ ⑩⑩ ⑩㊿　２０＋６０＝

⑧ ⑩⑩⑩⑩⑩⑩⑩㊿ ⑩　８０＋１０＝

⑨ ⑩⑩⑩ ⑩⑩⑩　３０＋３０＝

本能式ねだん合計法プリント
(10のたば＋10のたば／くり上がりなし)

なまえ	

ゆびを つかったり，かみに かいて けいさんしたり しないで，あたまの なかで，けいさんを しましょう。

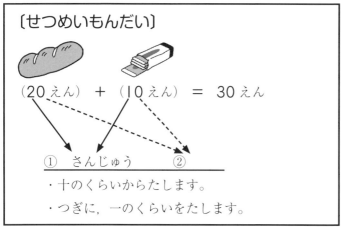

①
（60えん）＋（20えん）＝　　　えん

②
（20えん）＋（40えん）＝　　　えん

③
（40えん）＋（50えん）＝　　　えん

④ 10 + 20 =
⑤ 40 + 30 =
⑥ 50 + 40 =
⑦ 70 + 10 =
⑧ 30 + 20 =
⑨ 30 + 50 =
⑩ 80 + 10 =
⑪ 50 + 20 =
⑫ 60 + 30 =
⑬ 40 + 40 =
⑭ 10 + 60 =
⑮ 20 + 20 =
⑯ 70 + 20 =
⑰ 30 + 60 =
⑱ 40 + 20 =
⑲ 10 + 80 =
⑳ 60 + 20 =

ワーク 本能式ねだん合計法プリント〔お金つき〕
(2けた＋2けた／くり上がりなし)

なまえ

ゆびを つかったり，かみに かいて けいさんしたり しないで，あたまの なかで，けいさんを しましょう。

〔せつめいもんだい〕

(24えん) ＋ (12えん) = 36えん

① さんじゅう　② ろく

「さんじゅう」とつぶやきながら，「さんじゅう〜ろく」といいます。

・十のくらいからたします。
・つぎに，一のくらいをたします。

① (72えん) ＋ (13えん) ＝　　　えん

② (35えん) ＋ (64えん) ＝　　　えん

③ 32＋21＝

④ 47＋32＝

⑤ 63＋14＝

⑥ 26＋52＝

⑦ 75＋12＝

⑧ 13＋73＝

⑨ 56＋32＝

ワーク 本能式ねだん合計法プリント
(2けた+2けた／くり上がりなし)

なまえ	

ゆびを つかったり，かみに かいて けいさんしたり しないで，あたまの なかで，けいさんを しましょう。

[せつめいもんだい]

（24えん）＋（12えん）＝ 36えん

① さんじゅう ② ろく

「さんじゅう」とつぶやきながら，「さんじゅう～ろく」といいます。

・十のくらいからたします。
・つぎに，一のくらいをたします。

①

（56えん）＋（33えん）＝　　えん

②

（61えん）＋（27えん）＝　　えん

③

（42えん）＋（25えん）＝　　えん

④

（16えん）＋（73えん）＝　　えん

⑤ 12＋23＝
⑥ 47＋31＝
⑦ 54＋14＝
⑧ 75＋23＝
⑨ 62＋26＝
⑩ 28＋11＝
⑪ 45＋34＝
⑫ 83＋13＝
⑬ 56＋22＝
⑭ 35＋42＝
⑮ 21＋32＝
⑯ 70＋13＝
⑰ 45＋41＝
⑱ 56＋23＝
⑲ 64＋20＝
⑳ 17＋62＝
㉑ 34＋43＝

ワーク 本能式ねだん合計法プリント〔お金つき〕
(3けた+2のけた〈一の位が0〉／くり上がりなし)

なまえ	

ゆびを つかったり，かみに かいて けいさんしたり しないで，あたまの なかで，けいさんを しましょう。

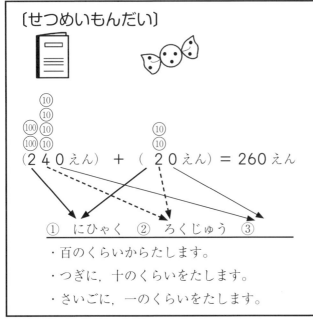

①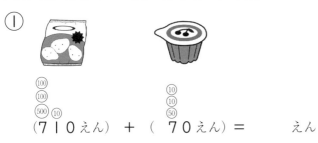

（710えん）＋（ 70えん）＝　　　えん

②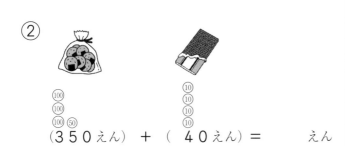

（350えん）＋（ 40えん）＝　　　えん

③
320＋10＝

④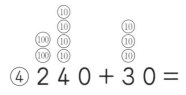
240＋30＝

⑤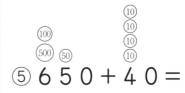
650＋40＝

⑥ 430＋30＝

⑦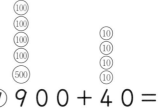
900＋40＝

ワーク 本能式ねだん合計法プリント
（3けた＋2けた〈一の位が0〉／くり上がりなし）

なまえ	

ゆびを つかったり，かみに かいて けいさんしたり しないで，あたまの なかで，けいさんを しましょう。

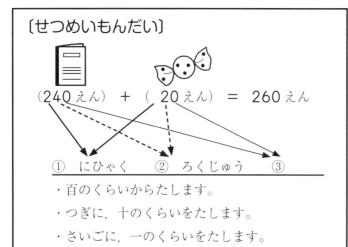

〔せつめいもんだい〕

（240えん）＋（20えん）＝ 260えん

① にひゃく　② ろくじゅう　③

・百のくらいからたします。
・つぎに，十のくらいをたします。
・さいごに，一のくらいをたします。

①
（340えん）＋（30えん）＝　　えん

②
（710えん）＋（70えん）＝　　えん

③
（500えん）＋（50えん）＝　　えん

④
（170えん）＋（20えん）＝　　えん

⑤ 520 ＋ 30 ＝
⑥ 460 ＋ 20 ＝
⑦ 710 ＋ 70 ＝
⑧ 600 ＋ 10 ＝
⑨ 740 ＋ 40 ＝
⑩ 830 ＋ 60 ＝
⑪ 170 ＋ 20 ＝
⑫ 680 ＋ 10 ＝
⑬ 530 ＋ 40 ＝
⑭ 450 ＋ 30 ＝
⑮ 500 ＋ 30 ＝
⑯ 910 ＋ 40 ＝
⑰ 740 ＋ 10 ＝
⑱ 460 ＋ 30 ＝
⑲ 740 ＋ 40 ＝
⑳ 800 ＋ 60 ＝
㉑ 730 ＋ 20 ＝

ワーク 本能式ねだん合計法プリント〔お金つき〕
(2けた+3のけた〈一の位が0〉／くり上がりなし)

なまえ	

ゆびを つかったり，かみに かいて けいさんしたり しないで，あたまの なかで，けいさんを しましょう。

〔せつめいもんだい〕

(20 えん) + (240 えん) = 260 えん
　　　　　　　　　　　① にひゃく　② ろくじゅう　③

・百のくらいからたします。
・つぎに，十のくらいをたします。
・さいごに，一のくらいをたします。

〈ポイント〉
・20+240 を 240+20 におきかえて けいさんしてもいいです。
・あとのけいさんじゅんじょは，うえとおなじ。

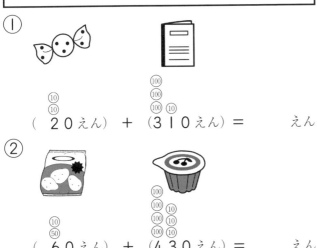

① (20 えん) + (310 えん) = 　　えん

② (60 えん) + (430 えん) = 　　えん

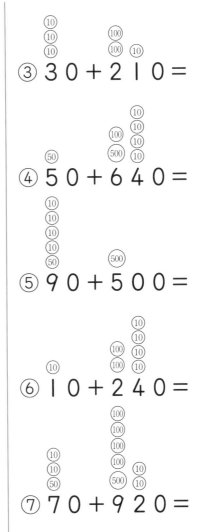

③ 30 + 210 =

④ 50 + 640 =

⑤ 90 + 500 =

⑥ 10 + 240 =

⑦ 70 + 920 =

⑧ 20 + 210 =

41

 **本能式ねだん合計法プリント**
（2けた＋3けた〈一の位が0〉／くり上がりなし）

なまえ	

　ゆびを　つかったり，かみに　かいて　けいさんしたり　しないで，あたまの　なかで，けいさんを　しましょう。

〔せつめいもんだい〕

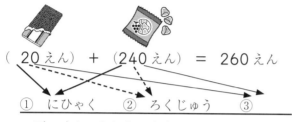

（ 20 えん ）＋（ 240 えん ）＝ 260 えん

① にひゃく　② ろくじゅう　③

・百のくらいからたします。
・つぎに，十のくらいをたします。
・さいごに，一のくらいをたします。

〈ポイント〉
・20+240 を 240+20 におきかえて
　けいさんしてもいいです。
・あとのけいさんじゅんじょは，うえとおなじです。

①
（ 30 えん ）＋（ 730 えん ）＝　　　えん

②
（ 10 えん ）＋（ 750 えん ）＝　　　えん

③
（ 50 えん ）＋（ 600 えん ）＝　　　えん

④
（ 40 えん ）＋（ 250 えん ）＝　　　えん

⑤ 50 + 340 =
⑥ 40 + 720 =
⑦ 70 + 120 =
⑧ 60 + 100 =
⑨ 20 + 440 =
⑩ 80 + 610 =
⑪ 30 + 220 =
⑫ 90 + 700 =
⑬ 50 + 420 =
⑭ 40 + 350 =
⑮ 10 + 340 =
⑯ 70 + 410 =
⑰ 60 + 120 =
⑱ 30 + 360 =
⑲ 20 + 450 =
⑳ 80 + 610 =
㉑ 40 + 210 =

 **本能式ねだん合計法プリント〔お金つき〕**
（100のたば＋100のたば／くり上がりなし）

なまえ	

　ゆびを　つかったり，かみに　かいて　けいさんしたり　しないで，あたまの　なかで，けいさんを　しましょう。

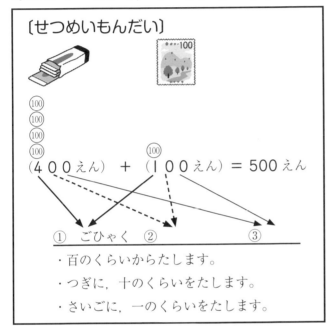

①

（200えん）＋（100えん）＝　　　えん

②

（500えん）＋（300えん）＝　　　えん

③ 200＋200＝

④ 400＋300＝

⑤ 800＋100＝

⑥ 300＋200＝

⑦ 100＋600＝

⑧ 400＋500＝

本能式ねだん合計法プリント
（100のたば＋100のたば／くり上がりなし）

なまえ	

ゆびを つかったり，かみに かいて けいさんしたり しないで，あたまの なかで，けいさんを しましょう。

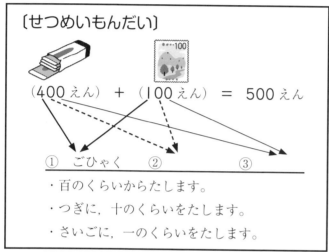

①
（300えん） ＋ （200えん） ＝   えん

②
（100えん） ＋ （700えん） ＝   えん

③
（400えん） ＋ （400えん） ＝   えん

④
（600えん） ＋ （300えん） ＝   えん

⑤ 500 ＋ 400 ＝
⑥ 400 ＋ 200 ＝
⑦ 700 ＋ 200 ＝
⑧ 600 ＋ 100 ＝
⑨ 200 ＋ 500 ＝
⑩ 800 ＋ 100 ＝
⑪ 300 ＋ 200 ＝
⑫ 100 ＋ 700 ＝
⑬ 300 ＋ 500 ＝
⑭ 400 ＋ 300 ＝
⑮ 200 ＋ 600 ＝
⑯ 700 ＋ 100 ＝
⑰ 600 ＋ 300 ＝
⑱ 500 ＋ 200 ＝
⑲ 200 ＋ 400 ＝
⑳ 100 ＋ 800 ＝
㉑ 200 ＋ 700 ＝

 **本能式ねだん合計法プリント〔お金つき〕**
（3けた+3けた〈一の位が０〉／くり上がりなし）

なまえ	

ゆびを つかったり，かみに かいて けいさんしたり しないで，あたまの なかで，けいさんを しましょう。

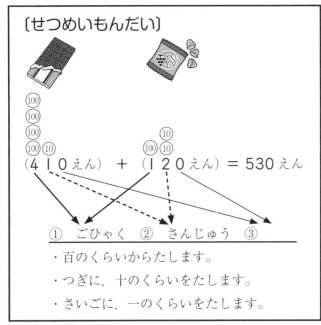

①

（３３０えん）＋（２１０えん）＝　　　えん

②

（１４０えん）＋（６４０えん）＝　　　えん

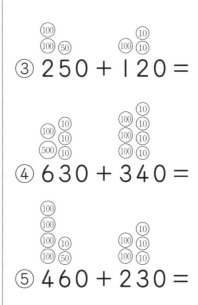

③ 250 + 120 =

④ 630 + 340 =

⑤ 460 + 230 =

⑥ 350 + 610 =

⑦ 120 + 740 =

⑧ 550 + 210 =

ワーク 本能式ねだん合計法プリント
（3けた＋3けた〈一の位が0〉／くり上がりなし）

なまえ	

ゆびを つかったり，かみに かいて けいさんしたり しないで，あたまの なかで，けいさんを しましょう。

〔せつめいもんだい〕

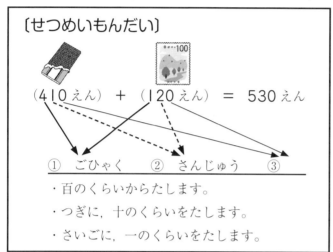

（410えん）＋（120えん）＝ 530えん

① ごひゃく　② さんじゅう　③

・百のくらいからたします。
・つぎに，十のくらいをたします。
・さいごに，一のくらいをたします。

①

（310えん）＋（510えん）＝　　　えん

②

（210えん）＋（170えん）＝　　　えん

③

（640えん）＋（120えん）＝　　　えん

④

（760えん）＋（130えん）＝　　　えん

⑤ 510 + 440 =
⑥ 430 + 240 =
⑦ 630 + 120 =
⑧ 680 + 110 =
⑨ 720 + 140 =
⑩ 860 + 130 =
⑪ 470 + 410 =
⑫ 120 + 220 =
⑬ 370 + 510 =
⑭ 420 + 310 =
⑮ 240 + 610 =
⑯ 780 + 110 =
⑰ 310 + 330 =
⑱ 580 + 210 =
⑲ 840 + 120 =
⑳ 160 + 820 =
㉑ 260 + 710 =

 **本能式ねだん合計法プリント〔お金つき〕**
（3けた＋1～3けた〈一の位が0以外〉／くり上がりなし）

なまえ	

ゆびを つかったり，かみに かいて けいさんしたり しないで，あたまの なかで，けいさんを しましょう。

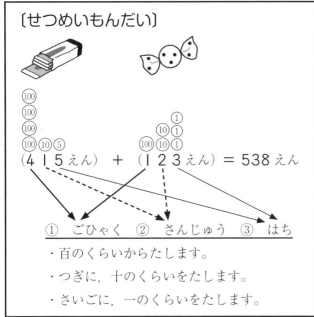

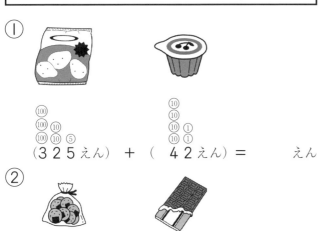

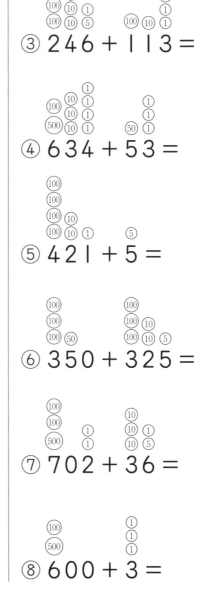

ワーク 本能式ねだん合計法プリント
（3けた＋1～3けた〈一の位が0以外〉／くり上がりなし）

なまえ	

ゆびを つかったり，かみに かいて けいさんしたり しないで，あたまの なかで，けいさんを しましょう。

〔せつめいもんだい〕

（415えん） ＋ （123えん） ＝ 538えん

① ごひゃく　② さんじゅう　③ はち

・百のくらいからたします。
・つぎに，十のくらいをたします。
・さいごに，一のくらいをたします。

① 　
（314えん）　＋　（　2えん）　＝　　　えん

② 　
（214えん）　＋　（　71えん）　＝　　　えん

③ 　
（647えん）　＋　（141えん）　＝　　　えん

④ 　
（762えん）　＋　（134えん）　＝　　　えん

⑤ 514 ＋ 2 ＝
⑥ 437 ＋ 42 ＝
⑦ 635 ＋ 123 ＝
⑧ 681 ＋ 12 ＝
⑨ 753 ＋ 3 ＝
⑩ 868 ＋ 131 ＝
⑪ 472 ＋ 12 ＝
⑫ 153 ＋ 244 ＝
⑬ 375 ＋ 3 ＝
⑭ 423 ＋ 31 ＝
⑮ 242 ＋ 615 ＝
⑯ 783 ＋ 12 ＝
⑰ 364 ＋ 332 ＝
⑱ 584 ＋ 14 ＝
⑲ 846 ＋ 3 ＝
⑳ 163 ＋ 824 ＝
㉑ 272 ＋ 711 ＝

 **本能式ねだん合計法プリント〔お金つき〕**
（２けた＋１のけた／くり上がりあり）

なまえ	

ゆびを つかったり，かみに かいて けいさんしたり しないで，あたまの なかで，けいさんを しましょう。

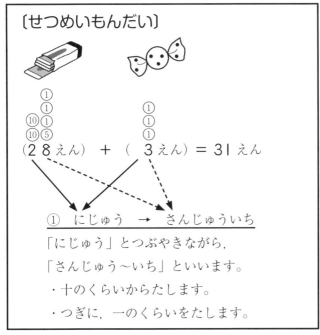

①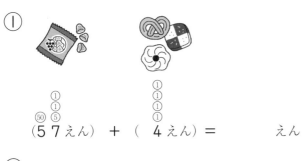

②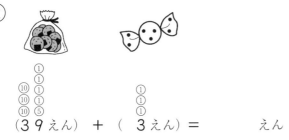

③ １８＋４＝

④ ５７＋６＝

⑤ ３６＋８＝

⑥ ７９＋４＝

⑦ ４５＋５＝

⑧ ６３＋８＝

 **本能式ねだん合計法プリント**

(2けた＋1けた／くり上がりあり)

なまえ	

　ゆびを　つかったり，かみに　かいて　けいさんしたり　しないで，あたまの　なかで，けいさんを　しましょう。

〔せつめいもんだい〕

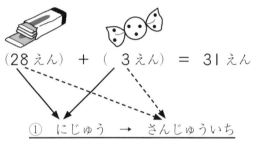

(28えん) ＋ (3えん) ＝ 31えん

① <u>にじゅう　→　さんじゅういち</u>

「にじゅう」とつぶやきながら，
「さんじゅう〜いち」といいます。

・十のくらいからたします。
・つぎに，一のくらいをたします。

①
(38えん) ＋ (4えん) ＝ 　　えん

②
(58えん) ＋ (6えん) ＝ 　　えん

③
(33えん) ＋ (8えん) ＝ 　　えん

④
(79えん) ＋ (7えん) ＝ 　　えん

⑤ 19＋3＝
⑥ 47＋8＝
⑦ 54＋7＝
⑧ 76＋6＝
⑨ 26＋8＝
⑩ 15＋5＝
⑪ 49＋3＝
⑫ 68＋8＝
⑬ 27＋7＝
⑭ 73＋8＝
⑮ 86＋9＝
⑯ 69＋8＝
⑰ 36＋7＝
⑱ 49＋2＝
⑲ 79＋9＝
⑳ 15＋7＝
㉑ 51＋9＝

ワーク 本能式ねだん合計法プリント〔お金つき〕
（1けた＋2のけた／くり上がりあり）

なまえ	

ゆびを つかったり，かみに かいて けいさんしたり しないで，あたまの なかで，けいさんを しましょう。

〔せつめいもんだい〕

（ 9 えん）＋（ 5 3 えん）＝ 62 えん

① ごじゅう → ろくじゅうに

「ごじゅう」とつぶやきながら，
「ろくじゅう〜に」といいます。

・十のくらいからたします。
・つぎに，一のくらいをたします。

① （ 8 えん）＋（ 4 3 えん）＝　　　えん

② （ 7 えん）＋（ 7 8 えん）＝　　　えん

③ 6＋28＝

④ 5＋35＝

⑤ 2＋49＝

⑥ 8＋67＝

⑦ 4＋88＝

⑧ 3＋17＝

ワーク 本能式ねだん合計法プリント
（1けた＋2けた／くり上がりあり）

なまえ	

ゆびを つかったり，かみに かいて けいさんしたり しないで，あたまの なかで，けいさんを しましょう。

〔せつめいもんだい〕

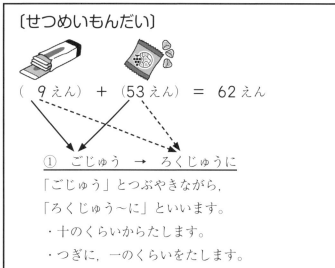

(9えん) + (53えん) = 62えん

① ごじゅう → ろくじゅうに

「ごじゅう」とつぶやきながら，
「ろくじゅう〜に」といいます。

・十のくらいからたします。
・つぎに，一のくらいをたします。

① (5えん) + (49えん) = 　えん

② (3えん) + (68えん) = 　えん

③ (7えん) + (33えん) = 　えん

④ (8えん) + (74えん) = 　えん

⑤ 6 + 39 =
⑥ 4 + 48 =
⑦ 5 + 89 =
⑧ 7 + 16 =
⑨ 2 + 48 =
⑩ 3 + 59 =
⑪ 8 + 38 =
⑫ 1 + 89 =
⑬ 9 + 27 =
⑭ 4 + 87 =
⑮ 6 + 46 =
⑯ 7 + 38 =
⑰ 5 + 17 =
⑱ 8 + 19 =
⑲ 2 + 48 =
⑳ 4 + 77 =
㉑ 9 + 39 =

 **本能式ねだん合計法プリント〔お金つき〕**
（10のたば＋10のたば／くり上がりあり）

なまえ	

　ゆびを　つかったり，かみに　かいて　けいさんしたり　しないで，あたまの　なかで，けいさんを　しましょう。

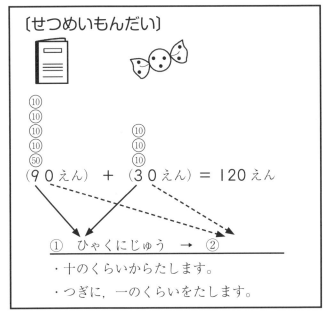

①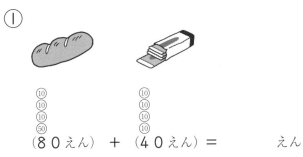

（80えん）＋（40えん）＝　　　えん

②

（40えん）＋（70えん）＝　　　えん

③ 70＋30＝

④ 90＋40＝

⑤ 60＋40＝

⑥ 70＋40＝

⑦ 50＋50＝

⑧ 30＋80＝

⑨ 80＋20＝

ワーク 本能式ねだん合計法プリント
(10のたば＋10のたば／くり上がりあり)

なまえ	

ゆびを つかったり，かみに かいて けいさんしたり しないで，あたまの なかで，けいさんを しましょう。

[せつめいもんだい]

(90えん) ＋ (30えん) ＝ 120えん

① ひゃくにじゅう → ②

・十のくらいからたします。
・つぎに，一のくらいをたします。

①
(70えん) ＋ (40えん) ＝ 　えん

②
(90えん) ＋ (80えん) ＝ 　えん

③
(50えん) ＋ (70えん) ＝ 　えん

④
(70えん) ＋ (30えん) ＝ 　えん

⑤ 90 ＋ 20 ＝
⑥ 80 ＋ 70 ＝
⑦ 70 ＋ 70 ＝
⑧ 60 ＋ 60 ＝
⑨ 50 ＋ 50 ＝
⑩ 30 ＋ 90 ＝
⑪ 80 ＋ 80 ＝
⑫ 50 ＋ 70 ＝
⑬ 70 ＋ 60 ＝
⑭ 40 ＋ 90 ＝
⑮ 20 ＋ 80 ＝
⑯ 80 ＋ 90 ＝
⑰ 70 ＋ 80 ＝
⑱ 50 ＋ 60 ＝
⑲ 80 ＋ 20 ＝
⑳ 90 ＋ 90 ＝
㉑ 60 ＋ 80 ＝

　**本能式ねだん合計法プリント〔お金つき〕**
　　　　　　　　　　（2けた＋2けた／くり上がり1回あり）

なまえ	

　ゆびを　つかったり，かみに　かいて　けいさんしたり　しないで，あたまの　なかで，けいさんを　しましょう。

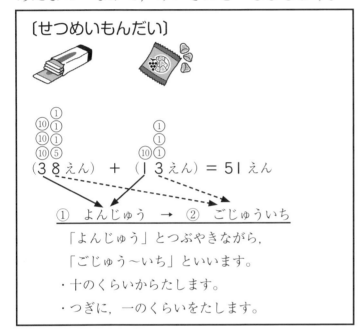

①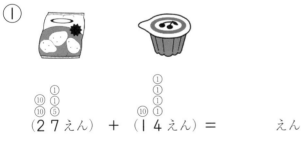
（２７えん）＋（１４えん）＝　　　えん

②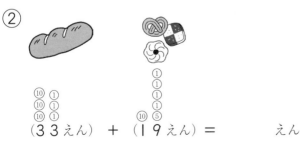
（３３えん）＋（１９えん）＝　　　えん

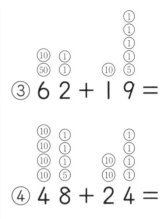

③ 62＋19＝

④ 48＋24＝

⑤ 25＋25＝

⑥ 54＋19＝

⑦ 46＋39＝

⑧ 37＋13＝

 **本能式ねだん合計法プリント**

（2けた＋2けた／くり上がり1回あり）

なまえ	

ゆびを つかったり，かみに かいて けいさんしたり しないで，あたまの なかで，けいさんを しましょう。

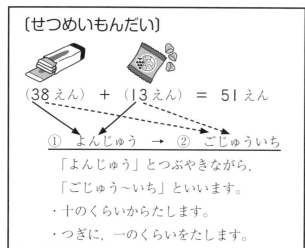

〔せつめいもんだい〕

（38えん）＋（13えん）＝ 51えん

① よんじゅう → ② ごじゅういち

「よんじゅう」とつぶやきながら，
「ごじゅう〜いち」といいます。
・十のくらいからたします。
・つぎに，一のくらいをたします。

①
（38えん）＋（15えん）＝　　えん

②
（56えん）＋（28えん）＝　　えん

③
（33えん）＋（19えん）＝　　えん

④
（37えん）＋（54えん）＝　　えん

⑤ 62 ＋ 19 ＝
⑥ 47 ＋ 27 ＝
⑦ 55 ＋ 37 ＝
⑧ 79 ＋ 18 ＝
⑨ 36 ＋ 36 ＝
⑩ 15 ＋ 25 ＝
⑪ 27 ＋ 68 ＝
⑫ 64 ＋ 19 ＝
⑬ 27 ＋ 13 ＝
⑭ 78 ＋ 18 ＝
⑮ 59 ＋ 29 ＝
⑯ 47 ＋ 48 ＝
⑰ 54 ＋ 27 ＝
⑱ 77 ＋ 16 ＝
⑲ 26 ＋ 58 ＝
⑳ 13 ＋ 17 ＝
㉑ 58 ＋ 15 ＝

本能式ねだん合計法プリント〔お金つき〕
（3けた＋3けた〈一の位が0〉／くり上がり1回あり）

なまえ	

ゆびを つかったり，かみに かいて けいさんしたり しないで，あたまの なかで，けいさんを しましょう。

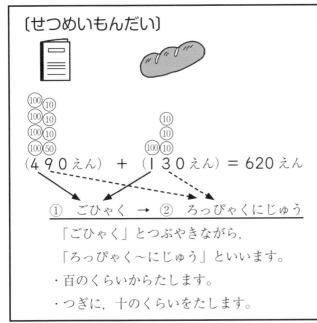

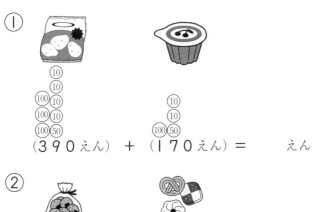

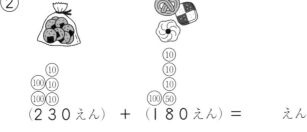

③ 680＋130＝

④ 540＋260＝

⑤ 390＋140＝

⑥ 170＋380＝

⑦ 440＋270＝

 **本能式ねだん合計法プリント**
（3けた+3けた〈一の位が0〉／くり上がり１回あり）

なまえ	

ゆびを つかったり，かみに かいて けいさんしたり しないで，あたまの なかで，けいさんを しましょう。

〔せつめいもんだい〕

（590えん） ＋ （140えん） ＝ 730えん

① ろっぴゃく → ② ななひゃくさんじゅう

「ろっぴゃく」とつぶやきながら，
「ななひゃく～さんじゅう」といいます。

・百のくらいからたします。
・つぎに，十のくらいをたします。

①
（490えん） ＋ （170えん） ＝ 　　えん

②
（350えん） ＋ （280えん） ＝ 　　えん

③
（540えん） ＋ （160えん） ＝ 　　えん

④
（730えん） ＋ （180えん） ＝ 　　えん

⑤ 630 + 180 =
⑥ 560 + 270 =
⑦ 240 + 370 =
⑧ 790 + 130 =
⑨ 180 + 360 =
⑩ 250 + 250 =
⑪ 430 + 480 =
⑫ 290 + 170 =
⑬ 270 + 130 =
⑭ 640 + 180 =
⑮ 360 + 190 =
⑯ 480 + 480 =
⑰ 520 + 290 =
⑱ 780 + 160 =
⑲ 260 + 560 =
⑳ 530 + 170 =
㉑ 450 + 180 =

ワーク 本能式ねだん合計法プリント〔お金つき〕
（3けた＋1〜3けた〈一の位が0以外〉／くり上がり1回あり）

なまえ	

ゆびを つかったり，かみに かいて けいさんしたり しないで，あたまの なかで，けいさんを しましょう。

〔せつめいもんだい〕

（329えん）＋（153えん）＝482えん

①よんひゃくななじゅう→②よんひゃくはちじゅうに

「よんひゃくななじゅう」とつぶやきながら，

「よんひゃくはちじゅう〜に」といいます。

・百のくらいからたします。

・つぎに，十のくらい，さいごに一のくらいをたす。

①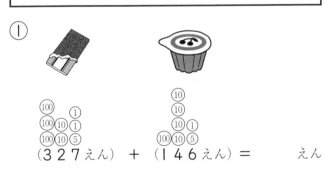
（327えん）＋（146えん）＝　　　えん

②
（208えん）＋（303えん）＝　　　えん

③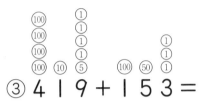
419＋153＝

④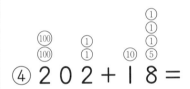
202＋18＝

⑤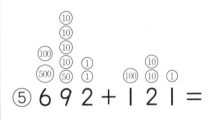
692＋121＝

⑥ 122＋9＝

⑦ 73＋446＝

ワーク 本能式ねだん合計法プリント
（3けた＋1〜3けた〈一の位が0以外〉／くり上がり1回あり）

なまえ	

ゆびを つかったり，かみに かいて けいさんしたり しないで，あたまの なかで，けいさんを しましょう。

〔せつめいもんだい〕

（329 えん） ＋ （153 えん） ＝ 482 えん

①よんひゃくななじゅう→②よんひゃくはちじゅうに

「よんひゃくななじゅう」とつぶやきながら，
「よんひゃくはちじゅう〜に」といいます。

・百のくらいからたします。
・つぎに，十のくらい，さいごに一のくらいをたす。

①
（327 えん） ＋ （146 えん） ＝ 　　　えん

②
（518 えん） ＋ （ 28 えん） ＝ 　　　えん

③
（475 えん） ＋ （ 9 えん） ＝ 　　　えん

④
（309 えん） ＋ （509 えん） ＝ 　　　えん

⑤ 329 ＋ 153 ＝
⑥ 471 ＋ 36 ＝
⑦ 725 ＋ 7 ＝
⑧ 301 ＋ 549 ＝
⑨ 283 ＋ 345 ＝
⑩ 632 ＋ 19 ＝
⑪ 191 ＋ 272 ＝
⑫ 318 ＋ 46 ＝
⑬ 429 ＋ 2 ＝
⑭ 425 ＋ 435 ＝
⑮ 267 ＋ 17 ＝
⑯ 378 ＋ 8 ＝
⑰ 534 ＋ 208 ＝
⑱ 668 ＋ 17 ＝
⑲ 246 ＋ 8 ＝
⑳ 441 ＋ 372 ＝
㉑ 738 ＋ 119 ＝

 **本能式ねだん合計法プリント〔お金つき〕**
（3けた＋1〜3けた〈一の位が0以外〉／くり上がり2回あり）

なまえ	

ゆびを つかったり，かみに かいて けいさんしたり しないで，あたまの なかで，けいさんを しましょう。

〔せつめいもんだい〕

(369えん) ＋ (154えん) ＝ 523えん

「よんひゃく」とつぶやきながら，
「ごひゃくじゅう」とつぶやきながら，
（十のくらいのくりあがりをしながら）
「ごひゃくにじゅうさん」といいます。
（一のくらいのくりあがりをする。）

①

(137えん) ＋ (384えん) ＝　　　えん

②

(576えん) ＋ (84えん) ＝　　　えん

③ 369＋154＝

④ 286＋38＝

⑤ 697＋4＝

⑥ 187＋248＝

⑦ 27＋296＝

ワーク 本能式ねだん合計法プリント
（3けた＋1～3けた〈一の位が0以外〉／くり上がり2回あり）

なまえ	

ゆびを つかったり，かみに かいて けいさん したりしないで，あたまの なかで，けいさんを しましょう。

〔せつめいもんだい〕

（369 えん）＋（154 えん）＝ 523 えん

「よんひゃく」とつぶやきながら，
「ごひゃくじゅう」とつぶやきながら，
（十のくらいのくりあがりをしながら）
「ごひゃくにじゅうさん」といいます。
（一のくらいのくりあがりをする。）

①
（129 えん）＋（198 えん）＝　　えん

②
（575 えん）＋（ 47 えん）＝　　えん

③
（495 えん）＋（　5 えん）＝　　えん

④
（389 えん）＋（542 えん）＝　　えん

⑤ 389 ＋ 153 ＝
⑥ 479 ＋ 36 ＝
⑦ 795 ＋ 7 ＝
⑧ 351 ＋ 549 ＝
⑨ 285 ＋ 345 ＝
⑩ 683 ＋ 19 ＝
⑪ 199 ＋ 272 ＝
⑫ 358 ＋ 46 ＝
⑬ 498 ＋ 2 ＝
⑭ 486 ＋ 435 ＝
⑮ 267 ＋ 67 ＝
⑯ 398 ＋ 4 ＝
⑰ 599 ＋ 208 ＝
⑱ 663 ＋ 79 ＝
⑲ 298 ＋ 8 ＝
⑳ 448 ＋ 372 ＝
㉑ 734 ＋ 189 ＝

第4章

「本能式おつり計算法」で買い物計算にチャレンジ

「本能式おつり計算法」とは

「本能式おつり計算法」には，次の2種類があります。
①つぶやきながら答えを導き出す方法
②ある決まったパターンの数字を利用して，たし算やひき算でおつりを導き出す方法

つぶやきながら答えを導き出す方法

この方法は，多くの方が買い物をする際，よく使っている方法です。430円－140円を例に考えてみましょう。

> ①百，十，一の位の順でひき算をします。
> ②頭の中で，400－100を行い，「さんびゃく」とつぶやきながら，
> ③十の位にくり下がりがあるので，「にひゃく」と言いかえながら，
> ④頭の中で，13－4＝9を行い，
> ⑤「にひゃくきゅうじゅう」と，答えを出します。

計算パターンによる決まった数字で答えを導き出す方法

「決まった数字」とは，くり下がりのある筆算をする際，大きな位からくり下げてくる際，筆算の一番上に記載する数字です。100－75の筆算では，⑨と⑩です。（分かりやすいように意図的に丸つき数字にしています。）その数字（⑨⑩）を用いて，下記のようにたし算やひき算で答えを導き出すのが，「計算パターンによる決まった数字で答えを導き出す方法」です。

（100－75・「たし算」を用いた場合）
※(1)→(2)の順番で計算します。
(1) (7＋□＝⑨)
(2) (5＋□＝⑩)

```
    7 5         7 5
  ＋ □ □  →   ＋ 2 5  ←（答え）
    ⑨ ⑩         ⑨ ⑩
```

（100－75・「ひき算」を用いた場合）
※(1)→(2)の順番で計算します。
(1) ⑨－7＝2
(2) ⑩－5＝5

```
    ⑨ ⑩
  －  7 5
    2 5  ←（答え）
```

計算パターンによる決まった数字で答えを導き出すには，下記のような多くのパターンがあります。すべてのパターンを覚えることが理想ですが覚える量が多いので，子どもの実態に応じ，選択して覚えさせることが大切です。具体的には，日常生活でよく使用すると思われる，太線で囲んだ４つのパターンを重点的に指導することをおすすめします。それらを学習した段階で，可能ならば他のパターンの習得にチャレンジしてもよいと思いますが，難易度が高いので無理強いはさせないでください。

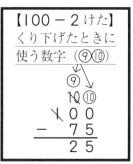

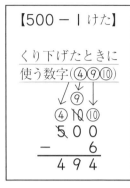   

　多くのパターンを覚えなければならないように見えますが，くり下がるときに使う数値は共通する部分が多いので，実際に覚える数値は下記のア〜カだけです。

ア	⑨⑩	[100－1けた，2けた]	（一の位が0以外）
イ	⑨⑨⑩	[1000－1〜3けた]	（一の位が0以外）
ウ	⑨⑩0	[1000－2けた，3けた]	（一の位が0）
エ	④⑩	[50－1けた，2けた]	（一の位が0以外）
オ	④⑨⑩	[500－1〜3けた]	（一の位が0以外）
カ	④⑩0	[500－3けた]	（一の位が0）

本能式おつり計算法プリント
（2けた－1けた／くり下がりなし）

なまえ	

ゆびを つかったり，かみに かいて けいさんしたり しないで，あたまの なかで，けいさんを しましょう。

[せつめいもんだい]

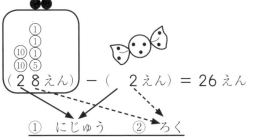

・十のくらいどうしをひきます。
・つぎに，一のくらいどうしをひきます。

① （38えん）－（ 6えん）＝   えん

② （72えん）－（ 2えん）＝   えん

③ （64えん）－（ 3えん）＝   えん

④ （47えん）－（ 4えん）＝   えん

⑤ 15 － 2 ＝
⑥ 47 － 1 ＝
⑦ 54 － 2 ＝
⑧ 75 － 3 ＝
⑨ 69 － 4 ＝
⑩ 88 － 1 ＝
⑪ 45 － 3 ＝
⑫ 88 － 7 ＝
⑬ 56 － 2 ＝
⑭ 43 － 3 ＝
⑮ 12 － 2 ＝
⑯ 47 － 4 ＝
⑰ 95 － 4 ＝
⑱ 26 － 2 ＝
⑲ 69 － 7 ＝
⑳ 87 － 4 ＝
㉑ 46 － 6 ＝

 **本能式おつり計算法プリント**
（10のたば－10のたば／くり下がりなし）

なまえ	

ゆびを　つかったり，かみに　かいて　けいさんしたり　しないで，あたまの　なかで，けいさんを　しましょう。

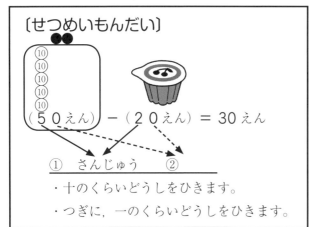

① （30えん）－（20えん）＝　　　えん
② （70えん）－（30えん）＝　　　えん
③ （60えん）－（50えん）＝　　　えん
④ （90えん）－（60えん）＝　　　えん

⑤ 50 － 20 ＝
⑥ 40 － 10 ＝
⑦ 90 － 70 ＝
⑧ 30 － 30 ＝
⑨ 60 － 40 ＝
⑩ 80 － 10 ＝
⑪ 20 － 10 ＝
⑫ 70 － 40 ＝
⑬ 50 － 30 ＝
⑭ 90 － 60 ＝
⑮ 40 － 40 ＝
⑯ 60 － 50 ＝
⑰ 80 － 40 ＝
⑱ 40 － 30 ＝
⑲ 70 － 20 ＝
⑳ 50 － 40 ＝
㉑ 90 － 30 ＝

 **本能式おつり計算法プリント**
（2けた－2けた／くり下がりなし）

なまえ	

ゆびを　つかったり，かみに　かいて　けいさんしたり　しないで，あたまの　なかで，けいさんを　しましょう。

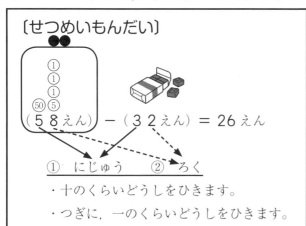

⑤ 45 － 12 ＝
⑥ 78 － 51 ＝
⑦ 54 － 52 ＝
⑧ 69 － 25 ＝
⑨ 74 － 54 ＝
⑩ 88 － 43 ＝
⑪ 45 － 13 ＝
⑫ 88 － 88 ＝
⑬ 56 － 45 ＝
⑭ 43 － 13 ＝
⑮ 12 － 12 ＝
⑯ 47 － 24 ＝
⑰ 95 － 54 ＝
⑱ 26 － 12 ＝
⑲ 69 － 67 ＝
⑳ 87 － 64 ＝
㉑ 46 － 46 ＝

 **本能式おつり計算法プリント**
（100のたば－100のたば／くり下がりなし）

なまえ	

ゆびを つかったり，かみに かいて けいさんしたり しないで，あたまの なかで，けいさんを しましょう。

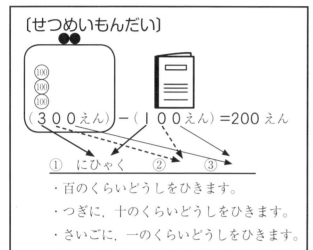

①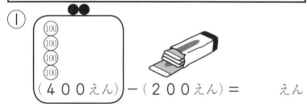
（４００えん）－（２００えん）＝　　えん

②
（７００えん）－（６００えん）＝　　えん

③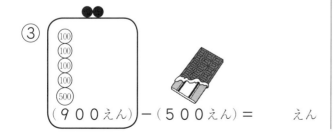
（９００えん）－（５００えん）＝　　えん

④ 900 － 700 ＝
⑤ 400 － 100 ＝
⑥ 500 － 200 ＝
⑦ 300 － 300 ＝
⑧ 200 － 100 ＝
⑨ 800 － 200 ＝
⑩ 600 － 400 ＝
⑪ 900 － 600 ＝
⑫ 500 － 100 ＝
⑬ 700 － 400 ＝
⑭ 200 － 200 ＝
⑮ 400 － 300 ＝
⑯ 800 － 400 ＝
⑰ 600 － 500 ＝
⑱ 700 － 200 ＝
⑲ 900 － 300 ＝
⑳ 500 － 400 ＝

本能式おつり計算法プリント
（3けた－2けた〈一の位が0〉／くり下がりなし）

なまえ	

ゆびを つかったり，かみに かいて けいさんしたり しないで，あたまの なかで，けいさんを しましょう。

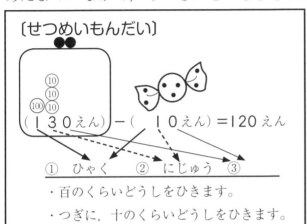

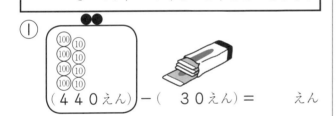

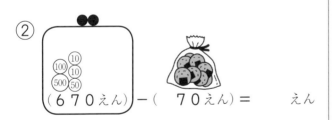

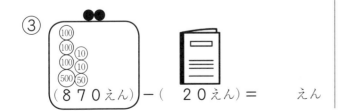

④ 990 － 60 ＝

⑤ 430 － 10 ＝

⑥ 560 － 20 ＝

⑦ 380 － 30 ＝

⑧ 210 － 10 ＝

⑨ 880 － 40 ＝

⑩ 670 － 60 ＝

⑪ 920 － 10 ＝

⑫ 550 － 20 ＝

⑬ 730 － 10 ＝

⑭ 360 － 50 ＝

⑮ 490 － 30 ＝

⑯ 870 － 40 ＝

⑰ 610 － 10 ＝

⑱ 790 － 20 ＝

⑲ 950 － 30 ＝

⑳ 580 － 70 ＝

ワーク 本能式おつり計算法プリント
（3けた−3けた〈一の位が0〉／くり下がりなし）

なまえ	

ゆびを つかったり，かみに かいて けいさんしたり しないで，あたまの なかで，けいさんを しましょう。

〔せつめいもんだい〕

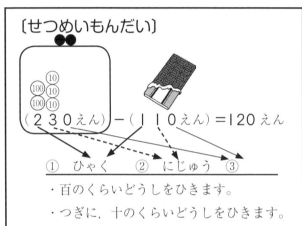

・百のくらいどうしをひきます。
・つぎに，十のくらいどうしをひきます。
・さいごに，一のくらいどうしをひきます。

① 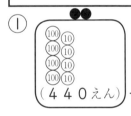 （440えん）−（320えん）= 　えん

② 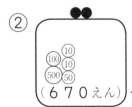 （670えん）−（460えん）= 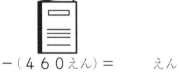　えん

③ 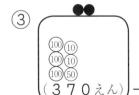 （370えん）−（370えん）=　えん

④ 990 − 870 =
⑤ 470 − 210 =
⑥ 560 − 120 =
⑦ 380 − 330 =
⑧ 210 − 210 =
⑨ 850 − 340 =
⑩ 660 − 230 =
⑪ 920 − 920 =
⑫ 580 − 520 =
⑬ 730 − 410 =
⑭ 360 − 250 =
⑮ 490 − 490 =
⑯ 870 − 540 =
⑰ 610 − 410 =
⑱ 740 − 740 =
⑲ 950 − 630 =
⑳ 580 − 270 =

本能式おつり計算法プリント
（3けた－1～3けた〈一の位が0以外〉／くり下がりなし）

なまえ	

ゆびを つかったり，かみに かいて けいさんしたり しないで，あたまの なかで，けいさんを しましょう。

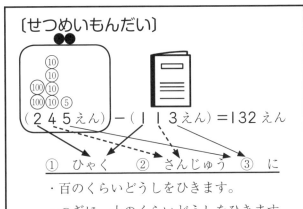

①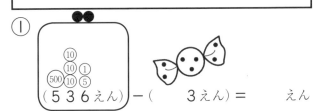
（536えん）－（　3えん）＝　　えん

②
（869えん）－（　15えん）＝　　えん

③
（368えん）－（357えん）＝　　えん

④ 995 － 4 ＝

⑤ 348 － 13 ＝

⑥ 654 － 212 ＝

⑦ 789 － 1 ＝

⑧ 267 － 35 ＝

⑨ 859 － 846 ＝

⑩ 732 － 1 ＝

⑪ 386 － 81 ＝

⑫ 458 － 124 ＝

⑬ 374 － 114 ＝

⑭ 369 － 54 ＝

⑮ 496 － 6 ＝

⑯ 785 － 43 ＝

⑰ 618 － 8 ＝

⑱ 743 － 121 ＝

⑲ 976 － 632 ＝

⑳ 859 － 53 ＝

ワーク 本能式おつり計算法プリント
(2けた-1けた／くり下がり1回あり)

なまえ	

ゆびを つかったり，かみに かいて けいさんしたり しないで，あたまの なかで，けいさんを しましょう。

〔せつめいもんだい〕

(34えん) - (9えん) =

⇓

(34えん) - (9えん) = 25えん

※十，一のくらいのじゅんでひきざんをします。
・「さんじゅう」といいながら
・一のくらいにくりさがりがあるので，「にじゅう」と いいながら，あたまのなかで 14-9=5 をします。
・「にじゅうご」と，こたえをだします。

①

(32えん) - (8えん) =   えん

②

(76えん) - (9えん) =   えん

③

(41えん) - (3えん) =   えん

④ 34 - 8 =
⑤ 82 - 5 =
⑥ 51 - 3 =
⑦ 46 - 9 =
⑧ 13 - 8 =
⑨ 65 - 7 =
⑩ 31 - 9 =
⑪ 42 - 5 =
⑫ 51 - 7 =
⑬ 63 - 6 =
⑭ 76 - 8 =
⑮ 94 - 7 =
⑯ 85 - 6 =
⑰ 41 - 3 =
⑱ 72 - 9 =
⑲ 26 - 8 =
⑳ 18 - 9 =

本能式おつり計算法プリント
(2けた－2けた〈一の位が0以外〉／くり下がり1回あり)

なまえ	

ゆびを　つかったり，かみに　かいて　けいさんしたり　しないで，あたまの　なかで，けいさんを　しましょう。

〔せつめいもんだい〕

(31えん) － (19えん) =

⇩

(31えん) － (19えん) = 12えん

※十，一のくらいのじゅんでひきざんをします。
・「にじゅう」といいながら
・一のくらいにくりさがりがあるので，「じゅう」といいながら，あたまの中で，11－9＝2をして，「じゅうに」と，こたえをだします。

①

(31えん) － (18えん) =　　　えん

②

(75えん) － (46えん) =　　　えん

③

(87えん) － (39えん) =　　　えん

④ 82 － 65 =
⑤ 54 － 28 =
⑥ 96 － 37 =
⑦ 35 － 19 =
⑧ 73 － 36 =
⑨ 67 － 48 =
⑩ 41 － 27 =
⑪ 78 － 29 =
⑫ 92 － 56 =
⑬ 53 － 48 =
⑭ 34 － 15 =
⑮ 47 － 19 =
⑯ 75 － 38 =
⑰ 61 － 43 =
⑱ 94 － 67 =
⑲ 85 － 76 =
⑳ 52 － 25 =

 **本能式おつり計算法プリント**
（3けた−2けた〈一の位が0〉／くり下がり1回あり）

なまえ	

ゆびを つかったり，かみに かいて けいさんしたり しないで，あたまの なかで，けいさんを しましょう。

〔せつめいもんだい〕

（２３０えん）−（ ４０えん）=

⇩

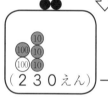（２３０えん）−（ ４０えん）=１９０えん

※百，十，一のくらいのじゅんでひきざんをします。
・「にひゃく」といいながら
・十のくらいにくりさがりがあるので，「ひゃく」といいながら，あたまのなかで，13−4＝9をします。
・「ひゃくきゅうじゅう」と，こたえをだします。

① 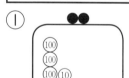（３１０えん）−（ ５０えん）=　　えん

② （７５０えん）−（ ８０えん）=　　えん

③ （４２０えん）−（ ４０えん）=　　えん

④ 910 − 70 =
⑤ 420 − 50 =
⑥ 560 − 80 =
⑦ 380 − 90 =
⑧ 210 − 30 =
⑨ 830 − 70 =
⑩ 630 − 60 =
⑪ 920 − 80 =
⑫ 540 − 50 =
⑬ 730 − 70 =
⑭ 360 − 90 =
⑮ 410 − 80 =
⑯ 870 − 80 =
⑰ 610 − 40 =
⑱ 740 − 60 =
⑲ 950 − 80 =
⑳ 540 − 90 =

ワーク 本能式おつり計算法プリント
（3けた−3けた〈一の位が0〉／くり下がり1回あり）

なまえ	

ゆびを つかったり，かみに かいて けいさんしたり しないで，あたまの なかで，けいさんを しましょう。

〔せつめいもんだい〕

（310えん）−（130えん）=

⇩

（310えん）−（130えん）=180えん

※百，十，一のくらいのじゅんでひきざんをします。
・「にひゃく」といいながら
・十のくらいにくりさがりがあるので，「ひゃく」といいながら，あたまのなかで，11−3=8をします。
・「ひゃくはちじゅう」と，こたえをだします。

①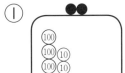
（320えん）−（180えん）=　　えん

②
（650えん）−（390えん）=　　えん

③
（230えん）−（180えん）=　　えん

④ 420 − 270 =
⑤ 960 − 680 =
⑥ 730 − 360 =
⑦ 240 − 180 =
⑧ 610 − 430 =
⑨ 880 − 590 =
⑩ 640 − 270 =
⑪ 910 − 760 =
⑫ 530 − 350 =
⑬ 740 − 470 =
⑭ 350 − 290 =
⑮ 410 − 380 =
⑯ 820 − 190 =
⑰ 620 − 240 =
⑱ 740 − 570 =
⑲ 920 − 480 =
⑳ 510 − 390 =

 **本能式おつり計算法プリント**
（3けた－1～3けた〈一の位が0以外〉／くり下がり1回あり）

なまえ	

　ゆびを　つかったり，かみに　かいて　けいさんしたり　しないで，あたまの　なかで，けいさんを　しましょう。

〔せつめいもんだい〕

（332えん）－（114えん）＝

↓

（332えん）－（114えん）＝218えん

※百，十，一のくらいのじゅんでひきざんをします。
・「にひゃくにじゅう」といいながら
・一のくらいにくりさがりがあるので，「にひゃくじゅう」といいながら，あたまのなかで，12－4＝8をして，「にひゃくじゅうはち」と，こたえをだします。

①
（486えん）－（369えん）＝　　　えん

②
（957えん）－（28えん）＝　　　えん

③ 994－8＝
④ 348－19＝
⑤ 654－282＝
⑥ 783－4＝
⑦ 267－95＝
⑧ 851－846＝
⑨ 732－5＝
⑩ 316－41＝
⑪ 453－126＝
⑫ 327－184＝
⑬ 364－59＝
⑭ 496－8＝
⑮ 735－243＝
⑯ 613－5＝
⑰ 743－129＝
⑱ 954－692＝
⑲ 851－23＝

本能式おつり計算法プリント
（3けた－1～3けた〈一の位が0以外〉／くり下がり2回あり）

なまえ	

ゆびを つかったり，かみに かいて けいさんしたり しないで，あたまの なかで，けいさんを しましょう。

〔せつめいもんだい〕

（361えん）－（174えん）=

⇩

（361えん）－（174えん）=187えん

※百，十，一のくらいのじゅんでひきざんをします。
・300－100をして，「にひゃく」といいながら十のくらいにくりさがりがあるので，さらに，「ひゃく」といいながら，あたまのなかで，16－7＝9をします。
「ひゃくきゅうじゅう」といいながら
・一のくらいにくりさがりがあるので「ひゃくはちじゅう」といいながら，あたまのなかで，「11－4」をして，「ひゃくはちじゅうなな」と，こたえをだします。

①

（371えん）－（196えん）=　　えん

②

（253えん）－（ 85えん）=　　えん

③ 905 － 8 =

④ 343 － 79 =

⑤ 654 － 187 =

⑥ 701 － 6 =

⑦ 223 － 96 =

⑧ 851 － 378 =

⑨ 502 － 7 =

⑩ 316 － 49 =

⑪ 453 － 287 =

⑫ 327 － 188 =

⑬ 711 － 59 =

⑭ 404 － 6 =

⑮ 735 － 249 =

⑯ 603 － 8 =

⑰ 723 － 129 =

⑱ 954 － 695 =

⑲ 851 － 73 =

 **本能式おつり計算法プリント**

(100 − 1けた)

なまえ	

ゆびを つかったり，かみに かいて けいさんしたり しないで，あたまの なかで，けいさんを しましょう。

[せつめいもんだい] ※「たしざん」をつかう。
100 − 8 = 92
※(1)→(2)のじゅんばんでけいさんをします。
(1) (0 + □ = ⑨)
(2) (8 + □ = ⑩)

```
    8          8
+  □ □   →  + ⑨ ⑵  ←(こたえ)
   ⑨ ⑩        ⑨ ⑩
```

[せつめいもんだい] ※「ひきざん」をつかう。
100 − 8 = 92
※(1)→(2)のじゅんばんでけいさんをします。
(1) (⑨ − 0 = 9)
(2) (⑩ − 8 = 2)

```
  ⑨ ⑩
−    8
  9 2  ←(こたえ)
```

① − (2 えん) =   えん

② 100 − 4 =
③ 100 − 1 =
④ 100 − 5 =
⑤ 100 − 3 =
⑥ 100 − 8 =
⑦ 100 − 9 =
⑧ 100 − 2 =
⑨ 100 − 6 =
⑩ 100 − 7 =
⑪ 100 − 0 =
⑫ 100 − 5 =
⑬ 100 − 2 =
⑭ 100 − 7 =
⑮ 100 − 9 =
⑯ 100 − 4 =
⑰ 100 − 6 =
⑱ 100 − 1 =

ワーク 本能式おつり計算法プリント
（100 − 2けた〈一の位が0以外〉）

なまえ	

ゆびを つかったり，かみに かいて けいさんしたり しないで，あたまの なかで，けいさんを しましょう。

〔せつめいもんだい〕 ※「たしざん」をつかう。
100 − 75 = 25

※(1)→(2)のじゅんばんでけいさんをします。

(1) (7 + □ = ⑨)
(2) (5 + □ = ⑩)

```
  7 5         7 5
+ □ □   ➡  + 2 5  ←(こたえ)
  ⑨ ⑩         ⑨ ⑩
```

〔せつめいもんだい〕 ※「ひきざん」をつかう。
100 − 75 = 25

※(1)→(2)のじゅんばんでけいさんをします。

(1) (⑨ − 7 = 2)
(2) (⑩ − 5 = 5)

```
  ⑨ ⑩
−  7 5
   2 5  ←(こたえ)
```

① − （28えん）＝　　えん

② 100 − 45 =
③ 100 − 62 =
④ 100 − 18 =
⑤ 100 − 74 =
⑥ 100 − 51 =
⑦ 100 − 27 =
⑧ 100 − 83 =
⑨ 100 − 36 =
⑩ 100 − 19 =
⑪ 100 − 98 =
⑫ 100 − 71 =
⑬ 100 − 38 =
⑭ 100 − 56 =
⑮ 100 − 23 =
⑯ 100 − 44 =
⑰ 100 − 95 =
⑱ 100 − 67 =

ワーク 本能式おつり計算法プリント

(1000－1けた)

なまえ

ゆびを つかったり，かみに かいて けいさんしたり しないで，あたまの なかで，けいさんを しましょう。

[せつめいもんだい] ※「たしざん」をつかう。
1000－7＝993

※(1)→(3)のじゅんばんでけいさんをします。

(1) (0＋□＝⑨)
(2) (0＋□＝⑨)
(3) (7＋□＝⑩)

```
      7              7
＋ □ □ □   ➡   ＋ 9 9 3  ←(こたえ)
  ⑨ ⑨ ⑩          ⑨ ⑨ ⑩
```

[せつめいもんだい] ※「ひきざん」をつかう。
1000－7＝993

※(1)→(3)のじゅんばんでけいさんをします。

(1) (⑨－0＝9)
(2) (⑨－0＝9)
(3) (⑩－7＝3)

⑨ ⑨ ⑩
```
  －     7
    9 9 3  ←(こたえ)
```

① － (6えん) ＝　　　えん

② 1000－4＝
③ 1000－2＝
④ 1000－5＝
⑤ 1000－7＝
⑥ 1000－1＝
⑦ 1000－3＝
⑧ 1000－9＝
⑨ 1000－8＝
⑩ 1000－5＝
⑪ 1000－1＝
⑫ 1000－4＝
⑬ 1000－8＝
⑭ 1000－2＝
⑮ 1000－6＝
⑯ 1000－8＝
⑰ 1000－3＝
⑱ 1000－7＝

　**本能式おつり計算法プリント**
（1000－2けた〈一の位が0以外〉）

なまえ	

　ゆびを つかったり，かみに かいて けいさんしたり しないで，あたまの なかで，けいさんを しましょう。

〔せつめいもんだい〕 ※「たしざん」をつかう。
1000 － 57 ＝ 943

※(1)→(3)のじゅんばんでけいさんをします。
(1) (0 ＋ □ ＝ ⑨)
(2) (5 ＋ □ ＝ ⑨)
(3) (7 ＋ □ ＝ ⑩)

```
    5 7            5 7
+ □□□    ➡    + 9 4 3 ←（こたえ）
  ⑨⑨⑩          ⑨⑨⑩
```

〔せつめいもんだい〕 ※「ひきざん」をつかう。
1000 － 57 ＝ 943

※(1)→(3)のじゅんばんでけいさんをします。
(1) (⑨ － 0 ＝ 9)
(2) (⑨ － 5 ＝ 4)
(3) (⑩ － 7 ＝ 3)

```
  ⑨ ⑨ ⑩
－   5 7
  9 4 3 ←（こたえ）
```

①   － （79えん）＝ 　　えん

② 1000 － 35 ＝
③ 1000 － 48 ＝
④ 1000 － 96 ＝
⑤ 1000 － 53 ＝
⑥ 1000 － 12 ＝
⑦ 1000 － 87 ＝
⑧ 1000 － 71 ＝
⑨ 1000 － 99 ＝
⑩ 1000 － 64 ＝
⑪ 1000 － 33 ＝
⑫ 1000 － 16 ＝
⑬ 1000 － 72 ＝
⑭ 1000 － 51 ＝
⑮ 1000 － 25 ＝
⑯ 1000 － 47 ＝
⑰ 1000 － 88 ＝
⑱ 1000 － 36 ＝

本能式おつり計算法プリント
（1000－3けた〈一の位が0以外〉）

なまえ	

ゆびを つかったり，かみに かいて けいさんしたり しないで，あたまの なかで，けいさんを しましょう。

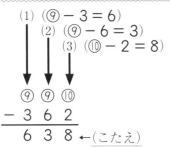

①   －（143えん）＝ えん

② 1000 － 542 ＝
③ 1000 － 208 ＝
④ 1000 － 615 ＝
⑤ 1000 － 476 ＝
⑥ 1000 － 154 ＝
⑦ 1000 － 721 ＝
⑧ 1000 － 387 ＝
⑨ 1000 － 563 ＝
⑩ 1000 － 109 ＝
⑪ 1000 － 425 ＝
⑫ 1000 － 506 ＝
⑬ 1000 － 244 ＝
⑭ 1000 － 768 ＝
⑮ 1000 － 917 ＝
⑯ 1000 － 391 ＝
⑰ 1000 － 672 ＝
⑱ 1000 － 838 ＝

ワーク　本能式おつり計算法プリント
（1000－3けた〈一の位が0〉）

なまえ	

ゆびを　つかったり，かみに　かいて　けいさんしたり　しないで，あたまの　なかで，けいさんを　しましょう。

〔せつめいもんだい〕※「たしざん」をつかう。
1000 － 740 ＝ 260

※(1)→(3)のじゅんばんでけいさんをします。
(1) (7＋□＝⑨)
(2) (4＋□＝⑩)
(3) (0＋□＝⓪)

```
   7 4 0        7 4 0
+ □□□  ➡  + ②⑥⓪ ←(こたえ)
  ⑨⑩⓪         ⑨⑩⓪
```

〔せつめいもんだい〕※「ひきざん」をつかう。
1000 － 740 ＝ 260

※(1)→(3)のじゅんばんでけいさんをします。
(1) (⑨－7＝2)
(2) (⑩－4＝6)
(3) (⓪－0＝0)

```
  ⑨⑩⓪
－ 7 4 0
  2 6 0 ←(こたえ)
```

①   －（450えん）＝　　えん

② 1000 － 120 ＝
③ 1000 － 230 ＝
④ 1000 － 650 ＝
⑤ 1000 － 710 ＝
⑥ 1000 － 870 ＝
⑦ 1000 － 940 ＝
⑧ 1000 － 380 ＝
⑨ 1000 － 490 ＝
⑩ 1000 － 560 ＝
⑪ 1000 － 440 ＝
⑫ 1000 － 810 ＝
⑬ 1000 － 270 ＝
⑭ 1000 － 660 ＝
⑮ 1000 － 920 ＝
⑯ 1000 － 130 ＝
⑰ 1000 － 790 ＝
⑱ 1000 － 880 ＝

ワーク 本能式おつり計算法プリント

(50 − 1けた)

なまえ	

ゆびを つかったり，かみに かいて けいさんしたり しないで，あたまの なかで，けいさんを しましょう。

〔せつめいもんだい〕 ※「たしざん」をつかう。
50 − 7 = 43
※(1)→(2)のじゅんばんでけいさんをします。

(1) (0 + □ = ④)
(2) (7 + □ = ⑩)

```
      7              7
 + □ □   ➡    + 4 3  ←(こたえ)
   ④ ⑩          ④ ⑩
```

〔せつめいもんだい〕 ※「ひきざん」をつかう。
50 − 7 = 43
※(1)→(2)のじゅんばんでけいさんをします。

(1) (④ − 0 = 4)
(2) (⑩ − 7 = 3)

```
  ④ ⑩
 −   7
   4 3  ←(こたえ)
```

①  − (9えん) = 　　えん

② 50 − 3 =
③ 50 − 7 =
④ 50 − 1 =
⑤ 50 − 4 =
⑥ 50 − 8 =
⑦ 50 − 6 =
⑧ 50 − 2 =
⑨ 50 − 5 =
⑩ 50 − 9 =
⑪ 50 − 1 =
⑫ 50 − 6 =
⑬ 50 − 7 =
⑭ 50 − 5 =
⑮ 50 − 2 =
⑯ 50 − 3 =
⑰ 50 − 8 =
⑱ 50 − 4 =

ワーク 本能式おつり計算法プリント

(500－1けた)

なまえ

ゆびを つかったり，かみに かいて けいさんしたり しないで，あたまの なかで，けいさんを しましょう。

〔せつめいもんだい〕 ※「たしざん」をつかう。
500－6＝494

※(1)→(3)のじゅんばんでけいさんをします。
(1) (0＋□＝④)
(2) (0＋□＝⑨)
(3) (6＋□＝⑩)

```
    6              6
＋ □□□  ➡  ＋ 4 9 4  ←(こたえ)
  ④⑨⑩         ④⑨⑩
```

〔せつめいもんだい〕 ※「ひきざん」をつかう。
500－6＝494

※(1)→(3)のじゅんばんでけいさんをします。
(1) (④－0＝4)
(2) (⑨－0＝9)
(3) (⑩－6＝4)

```
  ④⑨⑩
－   6
  4 9 4  ←(こたえ)
```

①   － (3えん) ＝   えん

② 500－2＝
③ 500－6＝
④ 500－9＝
⑤ 500－3＝
⑥ 500－7＝
⑦ 500－4＝
⑧ 500－5＝
⑨ 500－1＝
⑩ 500－8＝
⑪ 500－6＝
⑫ 500－5＝
⑬ 500－9＝
⑭ 500－4＝
⑮ 500－8＝
⑯ 500－2＝
⑰ 500－7＝
⑱ 500－3＝

ワーク 本能式おつり計算法プリント

(500－2けた)

なまえ

ゆびを つかったり，かみに かいて けいさんしたり しないで，あたまの なかで，けいさんを しましょう。

〔せつめいもんだい〕 ※「たしざん」をつかう。
500－37＝463
※(1)→(3)のじゅんばんでけいさんをします。
(1) (0＋□＝④)
(2) (3＋□＝⑨)
(3) (7＋□＝⑩)

〔せつめいもんだい〕 ※「ひきざん」をつかう。
500－37＝463
※(1)→(3)のじゅんばんでけいさんをします。
(1) (④－0＝4)
(2) (⑨－3＝6)
(3) (⑩－7＝3)

① － (95えん) ＝ 　　 えん

② 500－24＝
③ 500－67＝
④ 500－98＝
⑤ 500－33＝
⑥ 500－71＝
⑦ 500－42＝
⑧ 500－59＝
⑨ 500－15＝
⑩ 500－76＝
⑪ 500－84＝
⑫ 500－37＝
⑬ 500－21＝
⑭ 500－99＝
⑮ 500－45＝
⑯ 500－78＝
⑰ 500－16＝
⑱ 500－52＝

本能式おつり計算法プリント

(500 − 3けた)

なまえ

ゆびを つかったり，かみにかいて けいさんしたり しないで，あたまの なかで，けいさんを しましょう。

[せつめいもんだい] ※「たしざん」をつかう。
500 − 125 = 375
※(1)→(3)のじゅんばんでけいさんをします。
(1) (1 + □ = ④)
(2) (2 + □ = ⑨)
(3) (5 + □ = ⑩)

```
  1 2 5        1 2 5
+ □ □ □  →  + 3 7 5  ←(こたえ)
  ④ ⑨ ⑩        ④ ⑨ ⑩
```

[せつめいもんだい] ※「ひきざん」をつかう。
500 − 125 = 375
※(1)→(3)のじゅんばんでけいさんをします。
(1) (④ − 1 = 3)
(2) (⑨ − 2 = 7)
(3) (⑩ − 5 = 5)

```
  ④ ⑨ ⑩
−  1 2 5
   3 7 5  ←(こたえ)
```

①   − (357えん) =   えん

② 500 − 238 =
③ 500 − 104 =
④ 500 − 467 =
⑤ 500 − 321 =
⑥ 500 − 173 =
⑦ 500 − 245 =
⑧ 500 − 446 =
⑨ 500 − 389 =
⑩ 500 − 102 =
⑪ 500 − 295 =
⑫ 500 − 436 =
⑬ 500 − 317 =
⑭ 500 − 269 =
⑮ 500 − 150 =
⑯ 500 − 491 =
⑰ 500 − 304 =
⑱ 500 − 283 =

本能式おつり計算法プリント

(500 － 3けた〈一の位が 0〉)

なまえ	

ゆびを つかったり，かみに かいて けいさんしたり しないで，あたまの なかで，けいさんを しましょう。

〔せつめいもんだい〕 ※「たしざん」をつかう。

500 － 120 ＝ 380

※(1)→(3)のじゅんばんでけいさんをします。

(1) (1 + □ ＝ ④)
(2) (2 + □ ＝ ⑩)
(3) (0 + □ ＝ ⓪)

```
   1 2 0          1 2 0
+ □ □ □   ➡   + ３ ８ ０ ←(こたえ)
  ④ ⑩ ⓪         ④ ⑩ ⓪
```

〔せつめいもんだい〕 ※「ひきざん」をつかう。

500 － 120 ＝ 380

※(1)→(3)のじゅんばんでけいさんをします。

(1) (④ － 1 ＝ 3)
(2) (⑩ － 2 ＝ 8)
(3) (⓪ － 0 ＝ 0)

```
  ④ ⑩ ⓪
－ 1 2 0
  3 8 0 ←(こたえ)
```

① － (420 えん) ＝   えん

② 500 － 240 ＝
③ 500 － 170 ＝
④ 500 － 420 ＝
⑤ 500 － 350 ＝
⑥ 500 － 190 ＝
⑦ 500 － 230 ＝
⑧ 500 － 410 ＝
⑨ 500 － 380 ＝
⑩ 500 － 160 ＝
⑪ 500 － 270 ＝
⑫ 500 － 440 ＝
⑬ 500 － 310 ＝
⑭ 500 － 260 ＝
⑮ 500 － 190 ＝
⑯ 500 － 430 ＝
⑰ 500 － 320 ＝
⑱ 500 － 280 ＝

第5章

やってみよう！
買い物
シミュレーション
学習

「買い物シミュレーション学習」とは

　授業で計算方法について学ぶのは，それを生活に生かすことを最終目標としています。
　買い物シミュレーション学習では，買い物を模擬的に体験させることが目的です。そのために，個々の実態に応じた多様な条件が設定できるように自由に金額が設定できる「問題作成枠プリント」を準備しています。必要に応じて，掲載している金額やイラストを差し替えて使用してください。
　とはいえ，最終的には，お店に出かけ，学んだことを実践させることが大切です。いくらシミュレーションできていても，生活場面のお店で使えなければ意味がありません。（実際に買い物学習をお店で行う場合は，事前にお店の人に，学習を目的として買い物に来ていることを伝えておくことが大切です。）
　「本能式ねだん合計法（プリント）」や「本能式おつり計算法（プリント）」で学んだことを活用しつつ，子どもの実態に応じて，問題を取捨選択し，行ってください。
　買い物シミュレーションプリントのデータをもとに，教室でお店屋さんごっこを行うのも，実際のお店で買い物をする前ステップとして効果的です。

買い物シミュレーションプリントの使用方法

①支払い算の練習として用いる（指導者主導型）
　指導者がある商品を1つ指さします。子どもにその商品を○で囲ませ，ちょうどのお金を選択させます。（選択したお金を，○で囲みます。）
※指導者は，問題作成枠でその子どもに身につけさせたい数量（量感）の金額設定をしたプリントを作成します。

②支払い算の練習として用いる（子ども主導型）
　子ども自ら買いたい商品を1つ○で囲ませ，ちょうどのお金を選択させます。（選択したお金を，○で囲みます。）
※指導者は，問題作成枠でその子どもに身につけさせたい数量（量感）の金額設定をしたプリントを作成します。

③本能式ねだん合計法（くり上がりなし）を用いる（指導者主導型）
　指導者が2つの商品を指さします。子どもにその商品を○で囲ませ，2つの商品の値段を暗算（本能式ねだん合計法）で答えを導き，ちょうどのお金を選択させます。（選択したお金を○で囲みます。）

※指導者は，問題作成枠でくり上がりがないような金額設定をしたプリントを作成したり，本書に掲載しているプリントを活用したりします。

④本能式ねだん合計法（くり上がりなし）を用いる（子ども主導型）

子ども自ら買いたい商品を2つ○で囲ませ，2つの商品の値段を暗算（本能式ねだん合計法）で答えを書き，ちょうどのお金を選択させます。（選択したお金を，○で囲みます。）
※指導者は，問題作成枠でくり上がりがないような金額設定をしたプリントを作成したり，本書に掲載しているプリントを活用したりします。

⑤本能式ねだん合計法（くり上がりあり）を用いる（指導者主導型）

指導者が2つの商品を指さします。子どもにその商品を○で囲ませ，2つの商品の値段を暗算（本能式ねだん合計法）で答えを導き，ちょうどの金額を選択させます。（選択したお金を○で囲みます。）
※指導者は，問題作成枠でくり上がりのあるような金額設定をしたプリントを作成したり，本書に掲載しているプリントを活用したりします。

⑥本能式ねだん合計法（くり上がりあり）を用いる（子ども主導型）

子ども自ら買いたい商品を2つ○で囲ませ，2つの商品の値段を暗算（本能式ねだん合計法）で答えを導き，ちょうどのお金を選択させます。（選択したお金を○で囲みます。）

⑦本能式おつり計算法を用いる（指導者主導型）

指導者がある商品を1つ指さします。子どもにその商品を○で囲ませ，おつりが少なくてすむお金を選択させます。（選択したお金を，○で囲みます。）
※指導者は，問題作成枠でその子どもに身につけさせたい数量（量感）の金額設定をしたプリントを作成します。
※おつり算は難易度が高いので，実態に応じてカットすることも可能です。

⑧本能式おつり計算法を用いる（子ども主導型）

子ども自ら買いたい商品を1つ○で囲ませ，おつりが少なくてすむお金を選択させます。（選択したお金を○で囲みます。）そして，おつりを（　　）の中に書きます。

⑨子どもが自由に買い物シミュレーションプリントをする（子ども主導型）

ワーク 買い物シミュレーションプリント(おかしやさん〈一の位が0〉)

なまえ

おかしやさんで かいものを しよう。

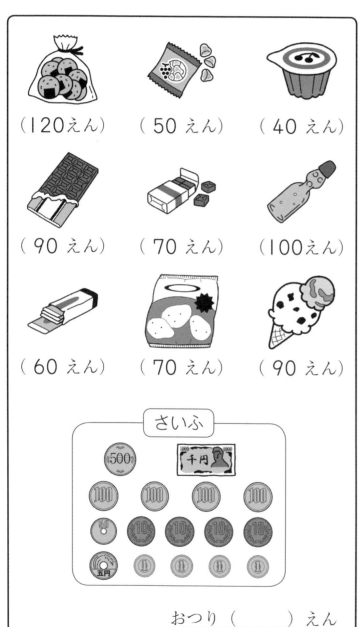

①かうものに○をつけましょう。(いくつかってもいいです。)
②しはらう(つかう)おかねに,○をつけましょう。
③おつりがあれば,かずをかきましょう。

 **買い物シミュレーションプリント(おかしやさん〈一の位が0以外〉)**

なまえ	

おかしやさんで かいものを しよう。

(135えん)　(98 えん)　(65 えん)

(87 えん)　(75 えん)　(108えん)

(68 えん)　(77 えん)　(95 えん)

①かうものに○をつけましょう。(いくつかってもいいです。)
②しはらう(つかう)おかねに,○をつけましょう。
③おつりがあれば,かずをかきましょう。

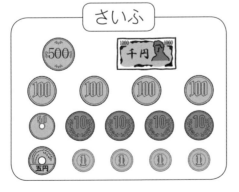

おつり(　　)えん

買い物シミュレーションプリント（おかしやさん／問題作成枠）

なまえ	

おかしやさんで かいものを しよう。

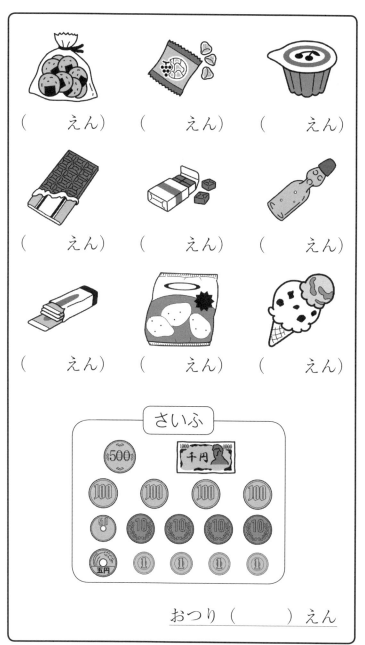

(　　えん)　(　　えん)　(　　えん)

(　　えん)　(　　えん)　(　　えん)

(　　えん)　(　　えん)　(　　えん)

さいふ

おつり（ 　　 ）えん

①かうものに○をつけましょう。（いくつかってもいいです。）
②しはらう（つかう）おかねに，○をつけましょう。
③おつりがあれば，かずをかきましょう。

ワーク 買い物シミュレーションプリント（おべんとうやさん〈一の位が0〉）

なまえ	

おべんとうやさんで かいものを しよう。

〔メニュー〕

コロッケべんとう
（350えん）

ハンバーグべんとう
（480えん）

カレーライス
（420えん）

からあげべんとう
（380えん）

やさいサラダ
（130えん）

ポテトサラダ
（150えん）

みそしる
（120えん）

おちゃ
（110えん）

①かうものに○をつけましょう。（いくつかってもいいです。）
②しはらう（つかう）おかねに，○をつけましょう。
③おつりがあれば，かずをかきましょう。

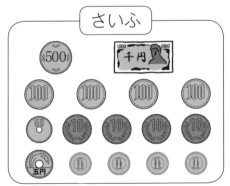

さいふ

おつり（　　　）えん

買い物シミュレーションプリント（おべんとうやさん／問題作成枠）

なまえ	

おべんとうやさんで　かいものを　しよう。

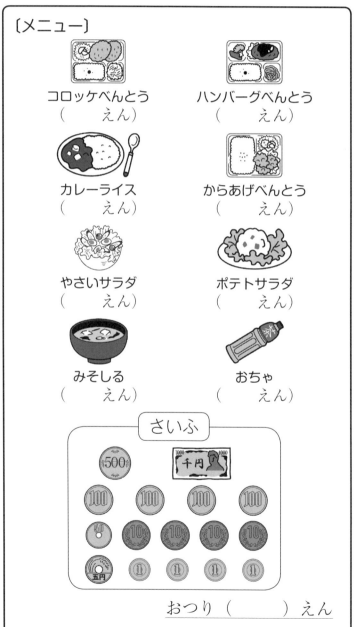

①かうものに○をつけましょう。（いくつかってもいいです。）
②しはらう（つかう）おかねに，○をつけましょう。
③おつりがあれば，かずをかきましょう。

〔メニュー〕

コロッケべんとう
（　　　えん）

ハンバーグべんとう
（　　　えん）

カレーライス
（　　　えん）

からあげべんとう
（　　　えん）

やさいサラダ
（　　　えん）

ポテトサラダ
（　　　えん）

みそしる
（　　　えん）

おちゃ
（　　　えん）

さいふ

おつり（　　　）えん

ワーク 買い物シミュレーションプリント〈やおやさん〈一の位が０〉〉

なまえ	

やおやさんで かいものを しよう。

①かうものに○をつけましょう。（いくつかってもいいです。）
②しはらう（つかう）おかねに，○をつけましょう。
③おつりがあれば，かずをかきましょう。

キャベツ
（１８０えん）

だいこん
（１２０えん）

にんじん
（１００えん）

たまねぎ
（１５０えん）

しいたけ
（１９０えん）

りんご
（１４０えん）

いちご
（２７０えん）

トマト
（２３０えん）

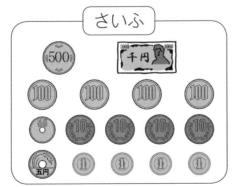

さいふ

おつり（　　　）えん

ワーク 買い物シミュレーションプリント（やおやさん〈一の位が0以外〉）

なまえ

やおやさんで かいものを しよう。

①かうものに○をつけましょう。（いくつかってもいいです。）
②しはらう（つかう）おかねに，○をつけましょう。
③おつりがあれば，かずをかきましょう。

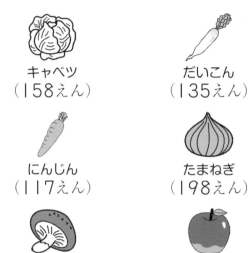

キャベツ（158えん）
だいこん（135えん）
にんじん（117えん）
たまねぎ（198えん）
しいたけ（143えん）
りんご（217えん）
いちご（241えん）
トマト（186えん）

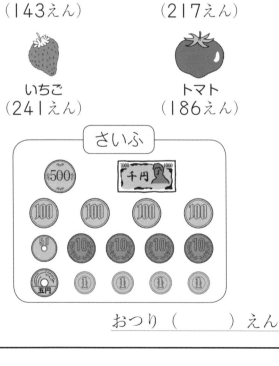

さいふ

おつり（　　　）えん

買い物シミュレーションプリント(やおやさん／問題作成枠)

なまえ	

やおやさんで かいものを しよう。

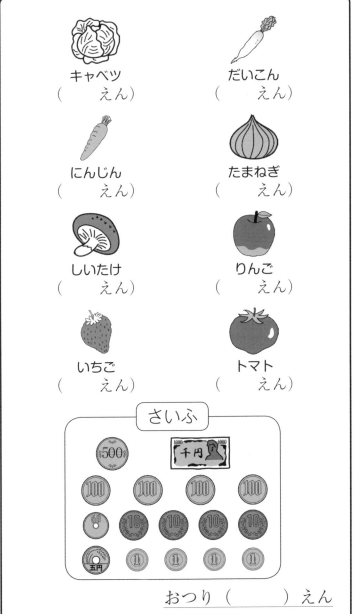

① かうものに ○をつけましょう。(いくつかってもいいです。)
② しはらう（つかう）おかねに，○をつけましょう。
③ おつりがあれば，かずをかきましょう。

キャベツ（　　えん）
だいこん（　　えん）
にんじん（　　えん）
たまねぎ（　　えん）
しいたけ（　　えん）
りんご（　　えん）
いちご（　　えん）
トマト（　　えん）

さいふ

おつり（　　）えん

101

解 答

第3章 「本能式ねだん合計法」で買い物計算にチャレンジ

【p.31】 ①35えん+2えん=37えん ②64えん+3えん=67えん ③15+2=17 ④36+3=39 ⑤41+8=49 ⑥67+1=68 ⑦21+4=25 ⑧80+7=87 ⑨72+2=74

【p.32】 ①35えん+2えん=37えん ②72えん+4えん=76えん ③64えん+3えん=67えん ④41えん+7えん=48えん ⑤15+2=17 ⑥47+1=48 ⑦54+2=56 ⑧75+3=78 ⑨62+4=66 ⑩88+1=89 ⑪45+3=48 ⑫81+7=88 ⑬56+2=58 ⑭43+3=46 ⑮12+6=18 ⑯42+4=46 ⑰95+4=99 ⑱21+6=27 ⑲62+7=69 ⑳81+4=85 ㉑43+6=49

【p.33】 ①3えん+62えん=65えん ②7えん+32えん=39えん ③5+71=76 ④9+40=49 ⑤4+13=17 ⑥7+62=69 ⑦5+42=47 ⑧8+91=99

【p.34】 ①5えん+73えん=78えん ②4えん+63えん=67えん ③6えん+23えん=29えん ④2+36=38 ⑤1+45=46 ⑥4+12=16 ⑦7+32=39 ⑧6+42=48 ⑨8+11=19 ⑩5+32=37 ⑪3+74=77 ⑫6+23=29 ⑬4+31=35 ⑭2+65=67 ⑮1+43=44 ⑯8+41=49 ⑰7+62=69 ⑱6+72=78 ⑲8+21=29 ⑳3+93=96

【p.35】 ①70えん+20えん=90えん ②40えん+50えん=90えん ③20+10=30 ④30+50=80 ⑤40+30=70 ⑥50+40=90 ⑦20+60=80 ⑧80+10=90 ⑨30+30=60

【p.36】 ①60えん+20えん=80えん ②20えん+40えん=60えん ③40えん+50えん=90えん ④10+20=30 ⑤40+30=70 ⑥50+40=90 ⑦70+10=80 ⑧30+20=50 ⑨30+50=80 ⑩80+10=90 ⑪50+20=70 ⑫60+30=90 ⑬40+40=80 ⑭10+60=70 ⑮20+20=40 ⑯70+20=90 ⑰30+60=90 ⑱40+20=60 ⑲10+80=90 ⑳60+20=80

【p.37】 ①72えん+13えん=85えん ②35えん+64えん=99えん ③32+21=53 ④47+32=79 ⑤63+14=77 ⑥26+52=78 ⑦75+12=87 ⑧13+73=86 ⑨56+32=88

【p.38】 ①56えん+33えん=89えん ②61えん+27えん=88えん ③42えん+25えん=67えん ④16えん+73えん=89えん ⑤12+23=35 ⑥47+31=78 ⑦54+14=68 ⑧75+23=98 ⑨62+26=88 ⑩28+11=39 ⑪45+34=79 ⑫83+13=96 ⑬56+22=78 ⑭35+42=77 ⑮21+32=53 ⑯70+13=83 ⑰45+41=86 ⑱56+23=79 ⑲64+20=84 ⑳17+62=79 ㉑34+43=77

【p.39】 ①710えん+70えん=780えん ②350えん+40えん=390えん ③320+10=330 ④240+30=270 ⑤650+40=690 ⑥430+30=460 ⑦900+40=940

【p.40】 ①340えん+30えん=370えん ②710えん+70えん=780えん ③500えん+50えん=550えん ④170えん+20えん=190えん ⑤520+30=550 ⑥460+20=480 ⑦710+70=780 ⑧600+10=610 ⑨740+40=780 ⑩830+60=890 ⑪170+20=190

⑫680+10=690　⑬530+40=570　⑭450+30=480　⑮500+30=530
⑯910+40=950　⑰740+10=750　⑱460+30=490　⑲740+40=780
⑳800+60=860　㉑730+20=750

【p.41】 ①20えん+310えん=330えん　②60えん+430えん=490えん　③30+210=240
④50+640=690　⑤90+500=590　⑥10+240=250　⑦70+920=990
⑧20+210=230

【p.42】 ①30えん+730えん=760えん　②10えん+750えん=760えん　③50えん+600えん=650えん
④40えん+250えん=290えん　⑤50+340=390　⑥40+720=760　⑦70+120=190
⑧60+100=160　⑨20+440=460　⑩80+610=690　⑪30+220=250
⑫90+700=790　⑬50+420=470　⑭40+350=390　⑮10+340=350
⑯70+410=480　⑰60+120=180　⑱30+360=390　⑲20+450=470
⑳80+610=690　㉑40+210=250

【p.43】 ①200えん+100えん=300えん　②500えん+300えん=800えん　③200+200=400
④400+300=700　⑤800+100=900　⑥300+200=500　⑦100+600=700
⑧400+500=900

【p.44】 ①300えん+200えん=500えん　②100えん+700えん=800えん
③400えん+400えん=800えん　④600えん+300えん=900えん　⑤500+400=900
⑥400+200=600　⑦700+200=900　⑧600+100=700　⑨200+500=700
⑩800+100=900　⑪300+200=500　⑫100+700=800　⑬300+500=800
⑭400+300=700　⑮200+600=800　⑯700+100=800　⑰600+300=900
⑱500+200=700　⑲200+400=600　⑳100+800=900　㉑200+700=900

【p.45】 ①330えん+210えん=540えん　②140えん+640えん=780えん　③250+120=370
④630+340=970　⑤460+230=690　⑥350+610=960　⑦120+740=860
⑧550+210=760

【p.46】 ①310えん+510えん=820えん　②210えん+170えん=380えん
③640えん+120えん=760えん　④760えん+130えん=890えん　⑤510+440=950
⑥430+240=670　⑦630+120=750　⑧680+110=790　⑨720+140=860
⑩860+130=990　⑪470+410=880　⑫120+220=340　⑬370+510=880
⑭420+310=730　⑮240+610=850　⑯780+110=890　⑰310+330=640
⑱580+210=790　⑲840+120=960　⑳160+820=980　㉑260+710=970

【p.47】 ①325えん+42えん=367えん　②831えん+7えん=838えん　③246+113=359
④634+53=687　⑤421+5=426　⑥350+325=675　⑦702+36=738
⑧600+3=603

【p.48】 ①314えん+2えん=316えん　②214えん+71えん=285えん　③647えん+141えん=788えん
④762えん+134えん=896えん　⑤514+2=516　⑥437+42=479　⑦635+123=758
⑧681+12=693　⑨753+3=756　⑩868+131=999　⑪472+12=484
⑫153+244=397　⑬375+3=378　⑭423+31=454　⑮242+615=857

⑯783+12=795　⑰364+332=696　⑱584+14=598　⑲846+3=849
⑳163+824=987　㉑272+711=983

【p.49】①57えん+4えん=61えん　②39えん+3えん=42えん　③18+4=22　④57+6=63
⑤36+8=44　⑥79+4=83　⑦45+5=50　⑧63+8=71

【p.50】①38えん+4えん=42えん　②58えん+6えん=64えん　③33えん+8えん=41えん
④79えん+7えん=86えん　⑤19+3=22　⑥47+8=55　⑦54+7=61　⑧76+6=82
⑨26+8=34　⑩15+5=20　⑪49+3=52　⑫68+8=76　⑬27+7=34　⑭73+8=81
⑮86+9=95　⑯69+8=77　⑰36+7=43　⑱49+2=51　⑲79+9=88　⑳15+7=22
㉑51+9=60

【p.51】①8えん+43えん=51えん　②7えん+78えん=85えん　③6+28=34　④5+35=40
⑤2+49=51　⑥8+67=75　⑦4+88=92　⑧3+17=20

【p.52】①5えん+49えん=54えん　②3えん+68えん=71えん　③7えん+33えん=40えん
④8えん+74えん=82えん　⑤6+39=45　⑥4+48=52　⑦5+89=94　⑧7+16=23
⑨2+48=50　⑩3+59=62　⑪8+38=46　⑫1+89=90　⑬9+27=36　⑭4+87=91
⑮6+46=52　⑯7+38=45　⑰5+17=22　⑱8+19=27　⑲2+48=50　⑳4+77=81
㉑9+39=48

【p.53】①80えん+40えん=120えん　②40えん+70えん=110えん　③70+30=100
④90+40=130　⑤60+40=100　⑥70+40=110　⑦50+50=100　⑧30+80=110
⑨80+20=100

【p.54】①70えん+40えん=110えん　②90えん+80えん=170えん　③50えん+70えん=120えん
④70えん+30えん=100えん　⑤90+20=110　⑥80+70=150　⑦70+70=140
⑧60+60=120　⑨50+50=100　⑩30+90=120　⑪80+80=160　⑫50+70=120
⑬70+60=130　⑭40+90=130　⑮20+80=100　⑯80+90=170　⑰70+80=150
⑱50+60=110　⑲80+20=100　⑳90+90=180　㉑60+80=140

【p.55】①27えん+14えん=41えん　②33えん+19えん=52えん　③62+19=81　④48+24=72
⑤25+25=50　⑥54+19=73　⑦46+39=85　⑧37+13=50

【p.56】①38えん+15えん=53えん　②56えん+28えん=84えん　③33えん+19えん=52えん
④37えん+54えん=91えん　⑤62+19=81　⑥47+27=74　⑦55+37=92　⑧79+18=97
⑨36+36=72　⑩15+25=40　⑪27+68=95　⑫64+19=83　⑬27+13=40
⑭78+18=96　⑮59+29=88　⑯47+48=95　⑰54+27=81　⑱77+16=93
⑲26+58=84　⑳13+17=30　㉑58+15=73

【p.57】①390えん+170えん=560えん　②230えん+180えん=410えん
③680+130=810　④540+260=800　⑤390+140=530　⑥170+380=550
⑦440+270=710

【p.58】①490えん+170えん=660えん　②350えん+280えん=630えん
③540えん+160えん=700えん　④730えん+180えん=910えん　⑤630+180=810
⑥560+270=830　⑦240+370=610　⑧790+130=920　⑨180+360=540

⑩250+250=500 ⑪430+480=910 ⑫290+170=460 ⑬270+130=400
⑭640+180=820 ⑮360+190=550 ⑯480+480=960 ⑰520+290=810
⑱780+160=940 ⑲260+560=820 ⑳530+170=700 ㉑450+180=630

【p.59】①327えん+146えん=473えん ②208えん+303えん=511えん ③419+153=572
④202+18=220 ⑤692+121=813 ⑥122+9=131 ⑦73+446=519

【p.60】①327えん+146えん=473えん ②518えん+28えん=546えん
③475えん+9えん=484えん ④309えん+509えん=818えん ⑤329+153=482
⑥471+36=507 ⑦725+7=732 ⑧301+549=850 ⑨283+345=628
⑩632+19=651 ⑪191+272=463 ⑫318+46=364 ⑬429+2=431
⑭425+435=860 ⑮267+17=284 ⑯378+8=386 ⑰534+208=742
⑱668+17=685 ⑲246+8=254 ⑳441+372=813 ㉑738+119=857

【p.61】①137えん+384えん=521えん ②576えん+84えん=660えん ③369+154=523
④286+38=324 ⑤697+4=701 ⑥187+248=435 ⑦27+296=323

【p.62】①129えん+198えん=327えん ②575えん+47えん=622えん ③495えん+5えん=500えん
④389えん+542えん=931えん ⑤389+153=542 ⑥479+36=515 ⑦795+7=802
⑧351+549=900 ⑨285+345=630 ⑩683+19=702 ⑪199+272=471
⑫358+46=404 ⑬498+2=500 ⑭486+435=921 ⑮267+67=334
⑯398+4=404 ⑰599+208=807 ⑱663+79=742 ⑲298+8=306
⑳448+372=820 ㉑734+189=923

第4章 「本能式おつり計算法」で買い物計算にチャレンジ

【p.67】①38えん−6えん=32えん ②72えん−2えん=70えん ③64えん−3えん=61えん
④47えん−4えん=43えん ⑤15−2=13 ⑥47−1=46 ⑦54−2=52 ⑧75−3=72
⑨69−4=65 ⑩88−1=87 ⑪45−3=42 ⑫88−7=81 ⑬56−2=54 ⑭43−3=40
⑮12−2=10 ⑯47−4=43 ⑰95−4=91 ⑱26−2=24 ⑲69−7=62 ⑳87−4=83
㉑46−6=40

【p.68】①30えん−20えん=10えん ②70えん−30えん=40えん ③60えん−50えん=10えん
④90えん−60えん=30えん ⑤50−20=30 ⑥40−10=30 ⑦90−70=20 ⑧30−30=0
⑨60−40=20 ⑩80−10=70 ⑪20−10=10 ⑫70−40=30 ⑬50−30=20
⑭90−60=30 ⑮40−40=0 ⑯60−50=10 ⑰80−40=40 ⑱40−30=10
⑲70−20=50 ⑳50−40=10 ㉑90−30=60

【p.69】①35えん−12えん=23えん ②78えん−53えん=25えん ③64えん−61えん=3えん
④47えん−47えん=0えん ⑤45−12=33 ⑥78−51=27 ⑦54−52=2 ⑧69−25=44
⑨74−54=20 ⑩88−43=45 ⑪45−13=32 ⑫88−88=0 ⑬56−45=11 ⑭43−13=30
⑮12−12=0 ⑯47−24=23 ⑰95−54=41 ⑱26−12=14 ⑲69−67=2
⑳87−64=23 ㉑46−46=0

【p.70】 ①400えん−200えん=200えん ②700えん−600えん=100えん
③900えん−500えん=400えん ④900−700=200 ⑤400−100=300 ⑥500−200=300
⑦300−300=0 ⑧200−100=100 ⑨800−200=600 ⑩600−400=200
⑪900−600=300 ⑫500−100=400 ⑬700−400=300 ⑭200−200=0
⑮400−300=100 ⑯800−400=400 ⑰600−500=100 ⑱700−200=500
⑲900−300=600 ⑳500−400=100

【p.71】 ①440えん−30えん=410えん ②670えん−70えん=600えん
③870えん−20えん=850えん ④990−60=930 ⑤430−10=420 ⑥560−20=540
⑦380−30=350 ⑧210−10=200 ⑨880−40=840 ⑩670−60=610
⑪920−10=910 ⑫550−20=530 ⑬730−10=720 ⑭360−50=310
⑮490−30=460 ⑯870−40=830 ⑰610−10=600 ⑱790−20=770
⑲950−30=920 ⑳580−70=510

【p.72】 ①440えん−320えん=120えん ②670えん−460えん=210えん
③370えん−370えん=0えん ④990−870=120 ⑤470−210=260 ⑥560−120=440
⑦380−330=50 ⑧210−210=0 ⑨850−340=510 ⑩660−230=430 ⑪920−920=0
⑫580−520=60 ⑬730−410=320 ⑭360−250=110 ⑮490−490=0
⑯870−540=330 ⑰610−410=200 ⑱740−740=0 ⑲950−630=320
⑳580−270=310

【p.73】 ①536えん−3えん=533えん ②869えん−15えん=854えん
③368えん−357えん=11えん ④995−4=991 ⑤348−13=335 ⑥654−212=442
⑦789−1=788 ⑧267−35=232 ⑨859−846=13 ⑩732−1=731
⑪386−81=305 ⑫458−124=334 ⑬374−114=260 ⑭369−54=315
⑮496−6=490 ⑯785−43=742 ⑰618−8=610 ⑱743−121=622
⑲976−632=344 ⑳859−53=806

【p.74】 ①32えん−8えん=24えん ②76えん−9えん=67えん ③41えん−3えん=38えん
④34−8=26 ⑤82−5=77 ⑥51−3=48 ⑦46−9=37 ⑧13−8=5
⑨65−7=58 ⑩31−9=22 ⑪42−5=37 ⑫51−7=44 ⑬63−6=57
⑭76−8=68 ⑮94−7=87 ⑯85−6=79 ⑰41−3=38 ⑱72−9=63
⑲26−8=18 ⑳18−9=9

【p.75】 ①31えん−18えん=13えん ②75えん−46えん=29えん ③87えん−39えん=48えん
④82−65=17 ⑤54−28=26 ⑥96−37=59 ⑦35−19=16 ⑧73−36=37
⑨67−48=19 ⑩41−27=14 ⑪78−29=49 ⑫92−56=36 ⑬53−48=5
⑭34−15=19 ⑮47−19=28 ⑯75−38=37 ⑰61−43=18 ⑱94−67=27
⑲85−76=9 ⑳52−25=27

【p.76】 ①310えん−50えん=260えん ②750えん−80えん=670えん
③420えん−40えん=380えん ④910−70=840 ⑤420−50=370 ⑥560−80=480
⑦380−90=290 ⑧210−30=180 ⑨830−70=760 ⑩630−60=570

⑪920−80=840 ⑫540−50=490 ⑬730−70=660 ⑭360−90=270
⑮410−80=330 ⑯870−80=790 ⑰610−40=570 ⑱740−60=680
⑲950−80=870 ⑳540−90=450

【p.77】①320えん−180えん=140えん ②650えん−390えん=260えん
③230えん−180えん=50えん ④420−270=150 ⑤960−680=280 ⑥730−360=370
⑦240−180=60 ⑧610−430=180 ⑨880−590=290 ⑩640−270=370
⑪910−760=150 ⑫530−350=180 ⑬740−470=270 ⑭350−290=60
⑮410−380=30 ⑯820−190=630 ⑰620−240=380 ⑱740−570=170
⑲920−480=440 ⑳510−390=120

【p.78】①486えん−369えん=117えん ②957えん−28えん=929えん ③994−8=986
④348−19=329 ⑤654−282=372 ⑥783−4=779 ⑦267−95=172
⑧851−846=5 ⑨732−5=727 ⑩316−41=275 ⑪453−126=327
⑫327−184=143 ⑬364−59=305 ⑭496−8=488 ⑮735−243=492
⑯613−5=608 ⑰743−129=614 ⑱954−692=262 ⑲851−23=828

【p.79】①371えん−196えん=175えん ②253えん−85えん=168えん ③905−8=897
④343−79=264 ⑤654−187=467 ⑥701−6=695 ⑦223−96=127
⑧851−378=473 ⑨502−7=495 ⑩316−49=267 ⑪453−287=166
⑫327−188=139 ⑬711−59=652 ⑭404−6=398 ⑮735−249=486
⑯603−8=595 ⑰723−129=594 ⑱954−695=259 ⑲851−73=778

【p.80】①100えん−2えん=98えん ②100−4=96 ③100−1=99 ④100−5=95
⑤100−3=97 ⑥100−8=92 ⑦100−9=91 ⑧100−2=98 ⑨100−6=94
⑩100−7=93 ⑪100−0=100 ⑫100−5=95 ⑬100−2=98 ⑭100−7=93
⑮100−9=91 ⑯100−4=96 ⑰100−6=94 ⑱100−1=99

【p.81】①100えん−28えん=72えん ②100−45=55 ③100−62=38 ④100−18=82
⑤100−74=26 ⑥100−51=49 ⑦100−27=73 ⑧100−83=17 ⑨100−36=64
⑩100−19=81 ⑪100−98=2 ⑫100−71=29 ⑬100−38=62 ⑭100−56=44
⑮100−23=77 ⑯100−44=56 ⑰100−95=5 ⑱100−67=33

【p.82】①1000えん−6えん=994えん ②1000−4=996 ③1000−2=998 ④1000−5=995
⑤1000−7=993 ⑥1000−1=999 ⑦1000−3=997 ⑧1000−9=991
⑨1000−8=992 ⑩1000−5=995 ⑪1000−1=999 ⑫1000−4=996
⑬1000−8=992 ⑭1000−2=998 ⑮1000−6=994 ⑯1000−8=992
⑰1000−3=997 ⑱1000−7=993

【p.83】①1000えん−79えん=921えん ②1000−35=965 ③1000−48=952 ④1000−96=904
⑤1000−53=947 ⑥1000−12=988 ⑦1000−87=913 ⑧1000−71=929
⑨1000−99=901 ⑩1000−64=936 ⑪1000−33=967 ⑫1000−16=984
⑬1000−72=928 ⑭1000−51=949 ⑮1000−25=975 ⑯1000−47=953
⑰1000−88=912 ⑱1000−36=964

【p.84】 ①1000えん−143えん=857えん ②1000−542=458 ③1000−208=792
④1000−615=385 ⑤1000−476=524 ⑥1000−154=846 ⑦1000−721=279
⑧1000−387=613 ⑨1000−563=437 ⑩1000−109=891 ⑪1000−425=575
⑫1000−506=494 ⑬1000−244=756 ⑭1000−768=232 ⑮1000−917=83
⑯1000−391=609 ⑰1000−672=328 ⑱1000−838=162

【p.85】 ①1000えん−450えん=550えん ②1000−120=880 ③1000−230=770
④1000−650=350 ⑤1000−710=290 ⑥1000−870=130 ⑦1000−940=60
⑧1000−380=620 ⑨1000−490=510 ⑩1000−560=440 ⑪1000−440=560
⑫1000−810=190 ⑬1000−270=730 ⑭1000−660=340 ⑮1000−920=80
⑯1000−130=870 ⑰1000−790=210 ⑱1000−880=120

【p.86】 ①50えん−9えん=41えん ②50−3=47 ③50−7=43 ④50−1=49 ⑤50−4=46
⑥50−8=42 ⑦50−6=44 ⑧50−2=48 ⑨50−5=45 ⑩50−9=41 ⑪50−1=49
⑫50−6=44 ⑬50−7=43 ⑭50−5=45 ⑮50−2=48 ⑯50−3=47 ⑰50−8=42
⑱50−4=46

【p.87】 ①500えん−3えん=497えん ②500−2=498 ③500−6=494 ④500−9=491
⑤500−3=497 ⑥500−7=493 ⑦500−4=496 ⑧500−5=495
⑨500−1=499 ⑩500−8=492 ⑪500−6=494 ⑫500−5=495
⑬500−9=491 ⑭500−4=496 ⑮500−8=492 ⑯500−2=498
⑰500−7=493 ⑱500−3=497

【p.88】 ①500えん−95えん=405えん ②500−24=476 ③500−67=433 ④500−98=402
⑤500−33=467 ⑥500−71=429 ⑦500−42=458 ⑧500−59=441
⑨500−15=485 ⑩500−76=424 ⑪500−84=416 ⑫500−37=463
⑬500−21=479 ⑭500−99=401 ⑮500−45=455 ⑯500−78=422
⑰500−16=484 ⑱500−52=448

【p.89】 ①500えん−357えん=143えん ②500−238=262 ③500−104=396 ④500−467=33
⑤500−321=179 ⑥500−173=327 ⑦500−245=255 ⑧500−446=54
⑨500−389=111 ⑩500−102=398 ⑪500−295=205 ⑫500−436=64
⑬500−317=183 ⑭500−269=231 ⑮500−150=350 ⑯500−491=9
⑰500−304=196 ⑱500−283=217

【p.90】 ①500えん−420えん=80えん ②500−240=260 ③500−170=330 ④500−420=80
⑤500−350=150 ⑥500−190=310 ⑦500−230=270 ⑧500−410=90
⑨500−380=120 ⑩500−160=340 ⑪500−270=230 ⑫500−440=60
⑬500−310=190 ⑭500−260=240 ⑮500−190=310 ⑯500−430=70
⑰500−320=180 ⑱500−280=220

付録　学習指導計画・チェックリスト

- すべて最初から実施しなければならないということではありません。すでに習得している項目は，カットしてもかまいません。
- 習得状況などを〔チェック◎ ○ △〕の欄に，◎ ○ △や文言などで記載しましょう。

内　容	ページ	チェック◎ ○ △
支払い算プリント〔おつりなし〕	14	
支払い算プリント〔おつりあり〕	20	
本能式ねだん合計法プリント〔お金つき〕（2けた＋1けた／くり上がりなし）	31	
本能式ねだん合計法プリント（2けた＋1けた／くり上がりなし）	32	
本能式ねだん合計法プリント〔お金つき〕（1けた＋2けた／くり上がりなし）	33	
本能式ねだん合計法プリント（1けた＋2けた／くり上がりなし）	34	
本能式ねだん合計法プリント〔お金つき〕(10のたば＋10のたば／くり上がりなし)	35	
本能式ねだん合計法プリント（10のたば＋10のたば／くり上がりなし）	36	
本能式ねだん合計法プリント〔お金つき〕（2けた＋2けた／くり上がりなし）	37	
本能式ねだん合計法プリント（2けた＋2けた／くり上がりなし）	38	
本能式ねだん合計法プリント〔お金つき〕(3けた＋2けた〈一の位が0〉／くり上がりなし)	39	
本能式ねだん合計法プリント（3けた＋2けた〈一の位が0〉／くり上がりなし）	40	
本能式ねだん合計法プリント〔お金つき〕(2けた＋3けた〈一の位が0〉／くり上がりなし)	41	
本能式ねだん合計法プリント（2けた＋3けた〈一の位が0〉／くり上がりなし）	42	
本能式ねだん合計法プリント〔お金つき〕(100のたば＋100のたば／くり上がりなし)	43	
本能式ねだん合計法プリント（100のたば＋100のたば／くり上がりなし）	44	
本能式ねだん合計法プリント〔お金つき〕(3けた＋3けた〈一の位が0〉／くり上がりなし)	45	
本能式ねだん合計法プリント（3けた＋3けた〈一の位が0〉／くり上がりなし）	46	
本能式ねだん合計法プリント〔お金つき〕(3けた＋1〜3けた〈一の位が0以外〉／くり上がりなし)	47	
本能式ねだん合計法プリント（3けた＋1〜3けた〈一の位が0以外〉／くり上がりなし）	48	
本能式ねだん合計法プリント〔お金つき〕（2けた＋1けた／くり上がりあり）	49	
本能式ねだん合計法プリント（2けた＋1けた／くり上がりあり）	50	
本能式ねだん合計法プリント〔お金つき〕（1けた＋2けた／くり上がりあり）	51	
本能式ねだん合計法プリント（1けた＋2けた／くり上がりあり）	52	
本能式ねだん合計法プリント〔お金つき〕(10のたば＋10のたば／くり上がりあり)	53	
本能式ねだん合計法プリント（10のたば＋10のたば／くり上がりあり）	54	
本能式ねだん合計法プリント〔お金つき〕（2けた＋2けた／くり上がり1回あり）	55	
本能式ねだん合計法プリント（2けた＋2けた／くり上がり1回あり）	56	
本能式ねだん合計法プリント〔お金つき〕(3けた＋3けた〈一の位が0〉／くり上がり1回あり)	57	

本能式ねだん合計法プリント（3けた＋3けた〈一の位が0〉／くり上がり1回あり）	58	
本能式ねだん合計法プリント〔お金つき〕（3けた＋1～3けた〈一の位が0以外〉／くり上がり1回あり）	59	
本能式ねだん合計法プリント（3けた＋1～3けた〈一の位が0以外〉／くり上がり1回あり）	60	
本能式ねだん合計法プリント〔お金つき〕（3けた＋1～3けた〈一の位が0以外〉／くり上がり2回あり）	61	
本能式ねだん合計法プリント（3けた＋1～3けた〈一の位が0以外〉／くり上がり2回あり）	62	
本能式おつり計算法プリント（2けた－1けた／くり下がりなし）	67	
本能式おつり計算法プリント（10のたば－10のたば／くり下がりなし）	68	
本能式おつり計算法プリント（2けた－2けた／くり下がりなし）	69	
本能式おつり計算法プリント（100のたば－100のたば／くり下がりなし）	70	
本能式おつり計算法プリント（3けた－2けた〈一の位が0〉／くり下がりなし）	71	
本能式おつり計算法プリント（3けた－3けた〈一の位が0〉／くり下がりなし）	72	
本能式おつり計算法プリント（3けた－1～3けた〈一の位が0以外〉／くり下がりなし）	73	
本能式おつり計算法プリント（2けた－1けた／くり下がり1回あり）	74	
本能式おつり計算法プリント（2けた－2けた〈一の位が0以外〉／くり下がり1回あり）	75	
本能式おつり計算法プリント（3けた－2けた〈一の位が0〉／くり下がり1回あり）	76	
本能式おつり計算法プリント（3けた－3けた〈一の位が0〉／くり下がり1回あり）	77	
本能式おつり計算法プリント（3けた－1～3けた〈一の位が0以外〉／くり下がり1回あり）	78	
本能式おつり計算法プリント（3けた－1～3けた〈一の位が0以外〉／くり下がり2回あり）	79	
本能式おつり計算法プリント（100－1けた）	80	
本能式おつり計算法プリント（100－2けた〈一の位が0以外〉）	81	
本能式おつり計算法プリント（1000－1けた）	82	
本能式おつり計算法プリント（1000－2けた〈一の位が0以外〉）	83	
本能式おつり計算法プリント（1000－3けた〈一の位が0以外〉）	84	
本能式おつり計算法プリント（1000－3けた〈一の位が0〉）	85	
本能式おつり計算法プリント（50－1けた）	86	
本能式おつり計算法プリント（500－1けた）	87	
本能式おつり計算法プリント（500－2けた）	88	
本能式おつり計算法プリント（500－3けた）	89	
本能式おつり計算法プリント（500－3けた〈一の位が0〉）	90	
買い物シミュレーションプリント（おかしやさん〈一の位が0〉）	94	
買い物シミュレーションプリント（おかしやさん〈一の位が0以外〉）	95	
買い物シミュレーションプリント（おべんとうやさん〈一の位が0〉）	97	
買い物シミュレーションプリント（やおやさん〈一の位が0〉）	99	
買い物シミュレーションプリント（やおやさん〈一の位が0以外〉）	100	

あ と が き

　「買い物計算ができる応用トレーニング編」では，「数に慣れる基礎トレーニング編」「数を使いこなす上達トレーニング編」「計算力を高める発展トレーニング編」で習得した学力をもとに，買い物計算が暗算でできる方法を習得するとともに，多様な買い物シミュレーションプリントで模擬的な買い物学習ができる内容になっています。
　本書を含めた4冊には，子どもに「どのような力」を「どのような手立て」で身につけさせるかを明確に掲載していますので，確固たる目的意識をもって指導することができます。また，保護者に対して，明確に指導方針を伝えることができますので，保護者も安心して我が子を担任に任せることができるでしょう。
　4冊に掲載しているすべての内容を習得することが理想的ですが，個々の実態に応じて内容を取捨選択し，取り組むことが大切です。しかし，安易に内容を削るのではなく，本書に掲載している多様な指導法を粘り強く用いて，子どもの可能性を信じ，くり返し，くり返し，取り組むことが大切です。私は，WISC Ⅲ の全 IQ の数値が40台の子どもを，本書の内容を用いて4年間指導した結果，実際にスーパーへ行き，390円のお弁当と180円の飲み物を買い，暗算で 390＋180＝570 を行い，財布から570円を出せる学力を身につけさせることができました。
　我々教師や指導者は，教育的配慮が必要な子どもに対する指導をする際，長期目標と短期目標をしっかりもち，それらの目標に向けて，多様な指導法，言い換えれば，多くの「引き出し」をもつ必要があると思います。教科書に掲載しているAという指導法で習得できなければ，何度も何度もそのAという指導法で教えるのではなく，Bの指導法，それでもダメならCの指導法，それでもダメならDの指導法というように，その子どもに合った指導法を用いることが大切ではないでしょうか。
　本書を執筆するにあたり，巻頭に推薦文を執筆してくださった菊池省三先生をはじめ，ご指導くださった園屋高志先生（鹿児島大学名誉教授），実践の検証をしてくださった鹿児島県マルチメディア教育研究会のメンバーの方々のお力添えをいただきました。
　少しでも，本書が子どもたちや先生方，保護者のお役に立てば幸いです。
　本書に関するお問い合わせやご意見，ご要望は，大江（ooe@po.synapse.ne.jp）までメールをいただければありがたいです。

　　　　　　　　　　　　　　　　　　　　　　　　　　　　　　　　　　　大江　浩光

【参考図書】
・『みんなとまなぶ　しょうがっこう　さんすう1ねん』『みんなと学ぶ　小学校　算数2年上』（学校図書）
・『本能式計算法』（大江浩光著，押谷由夫解説，学芸みらい社）
・『おもしろ教材・教具集＆知っ得情報』（大江浩光著，押谷由夫解説，学事出版）

【著者紹介】

大江　浩光（おおえ　ひろみつ）
1963年10月1日　和歌山県東牟婁郡串本町古座で生まれる
1987年4月　鹿児島県の小学校教諭になる
〈特別支援教育関係の単著〉
『おもしろ教材・教具集＆知っ得情報』（押谷由夫解説，学事出版）『ひらがな完全習得ワーク』（野口芳宏解説，学事出版）『本能式計算法』（押谷由夫解説，学芸みらい社）『7歳までの教育』（押谷由夫解説，明治図書）
〈道徳関係の単著〉（いずれも明治図書）
『子どもが夢中になる落語流道徳自作資料10選』（深澤久解説）『今を生きる人々に学ぶ』（深澤久解説）『「いじめ」の授業』（押谷由夫解説）『絵本を使った道徳授業』（押谷由夫解説）『「学級崩壊」の授業』（押谷由夫解説）『続・落語流道徳授業』（押谷由夫解説）『7歳までの教育』（押谷由夫解説）『規範意識を高める道徳授業』（押谷由夫解説）『「夢」の授業』（押谷由夫解説）
〈開発した教育アプリ〉
・「たす・ひく」アプリ　・「かける・わる」アプリ
〈教育委員会主催の講演歴〉
和歌山県和歌山市教育委員会主催研修会／長崎県佐世保市教育センター主催研修講座／和歌山県和歌山市教育委員会主催初任者研修会／富山県魚津地区教育センター協議会主催研修会／滋賀県総合教育センター主催教職10年目研修会／兵庫県芦屋市教育委員会主催研修会／兵庫県三田市教育委員会主催研修会／兵庫県西宮市教育委員会主催研修会／大阪府富田林市教育委員会主催研修会／大阪府河内長野市教育委員会主催研修会　他多数
※学校主催や民間団体，保護者主催の講座など，合わせて約100回以上の講演・講座。
※特別支援教育や道徳の講演会や講座をご希望の方は，お気軽に連絡をいただければありがたいです。講師料はいりません。現場ですぐに役立ち，結果を残すことができる理論と実践を紹介させていただきます。連絡先は，ooe@po.synapse.ne.jp　です。

〔本文イラスト〕木村美穂

数が苦手な子のための計算支援ワーク4
買い物計算ができる応用トレーニング編

2018年7月初版第1刷刊　Ⓒ著　者　大　江　浩　光
2020年1月初版第2刷刊　発行者　藤　原　光　政
　　　　　　　　　　　　発行所　明治図書出版株式会社
　　　　　　　　　　　　　　　http://www.meijitosho.co.jp
　　　　　　　　　　　　（企画）林　知里　（校正）㈱東図企画
　　　　　　　　　　　　〒114-0023　東京都北区滝野川7-46-1
　　　　　　　　　　　　振替00160-5-151318　電話03(5907)6703
　　　　　　　　　　　　ご注文窓口　電話03(5907)6668
＊検印省略　　　　　　組版所　株式会社明昌堂

本書の無断コピーは，著作権・出版権にふれます。ご注意ください。
教材部分は，学校の授業過程での使用に限り，複製することができます。

Printed in Japan　　　　　ISBN978-4-18-282519-4
もれなくクーポンがもらえる！読者アンケートはこちらから→